天道圣经注释

雅各书注释

梁康民 著

上海三联书店

谨以此书
献与内子维正
作为银婚纪念
(1969 ～1994)

出版说明

　　基督教圣经是世上销量最高、译文最广的一部书。自圣经成书后，国外古今学者注经释经的著述可谓汗牛充栋，但圣经的完整汉译问世迄今尚不到两个世纪。用汉语撰著的圣经知识普及读物（内容包括圣经人物、历史地理、宗教哲学、文学艺术、伦理教育等不同范畴）和个别经卷的研究注释著作陆续有见，唯全本圣经各卷注释系列阙如。因此，香港天道书楼出版的"天道圣经注释"系列丛书尤为引人关注。这是目前第一套集合全球华人圣经学者撰著、出版的全本圣经注释，也是当今汉语世界最深入、最详尽的圣经注释。

　　基督教是尊奉圣典的宗教，圣经也因此成为信仰内容的源泉。但由于圣经成书年代久远，文本障碍的消除和经义的完整阐发也就十分重要。"天道圣经注释"系列注重原文释经，作者在所著作的范围内都是学有专长，他们结合了当今最新圣经研究学术成就，用中文写下自己的研究成果。同时，尤为难得的是，大部分作者都具有服务信仰社群的经验，更贴近汉语读者的生活。

　　本注释丛书力求表达出圣经作者所要传达的信息，使读者参阅后不但对经文有全面和深入的理解，更能把握到几千年前的圣经书卷的现代意义。丛书出版后受到全球汉语圣经研习者、神学教育界以及华人教会广泛欢迎，并几经再版，有些书卷还作了修订。

　　现今征得天道圣经注释有限公司授权，本丛书由上海三联书店出版发行国内中文简体字版，我们在此谨致谢意。神学建构的与时俱进离不开对圣经的细微解读和阐发，相信"天道圣经注释"系列丛书的陆续出版,不仅会为国内圣经研习提供重要的、详细的参考资料,同时也会促进中国教会神学、汉语神学和学术神学的发展,引入此套注释系列可谓正当其时。

上海三联书店

天道圣经注释

本注释丛书特点：

- 解经（exegesis）与释经（exposition）并重。一方面详细研究原文字词、时代背景及有关资料，另一方面也对经文各节作仔细分析。

- 全由华人学者撰写，不论用词或思想方法都较翻译作品易于了解。

- 不同学者有不同的学养和专长，其著述可给读者多方面的启发和参考。

- 重要的圣经原文尽量列出或加上英文音译，然后在内文或注脚详细讲解，使不懂原文者亦可深入研究圣经。

天道书楼出版部谨启

目录

序言

　　"天道圣经注释"的出版是很多人多年来的梦想的实现。天道书楼自创立以来就一直思想要出版一套这样的圣经注释,后来史丹理基金公司也有了一样的期盼,决定全力支持本套圣经注释的出版,于是华人基督教史中一项独特的出版计划就正式开始了。

　　这套圣经注释的一个特色是作者来自极广的背景,作者在所著作的范围之内都是学有专长,他们工作的地点分散在全世界各处。工作的性质虽然不完全一样,但基本上都是从事于圣经研究和在学术方面有所贡献的人。

　　另外,一个值得注意的地方,是这套书中的每一本都是接受邀请用中文特别为本套圣经注释撰写,没有翻译的作品。因为作者虽然来自不同的学术圈子,却都是笃信圣经并出于中文的背景,所以他们更能明白华人的思想,所写的材料也更能满足华人的需要。

　　本套圣经注释在陆续出版中,我们为每一位作者的忠心负责任的工作态度感恩。我们盼望在不久的将来,全部出版工作可以完成,也愿这套书能帮助有心研究圣经的读者,更加明白及喜爱研究圣经。

荣誉顾问　鲍会园

主编序言

　　华人读者对圣经的态度有点"心怀二意"，一方面秉承华人自身的优良传统，视自己为"这书的人"（people of the Book），笃信圣经是神的话；另一方面又很少读圣经，甚至从不读圣经。"二意"的现象不仅和不重视教导圣经有关，也和不明白圣经有关。感到圣经不易明白的原因很多，教导者讲授肤浅及不清楚是其中一个，而教导者未能精辟地讲授圣经，更和多年来缺乏由华人用中文撰写的释经书有关。"天道圣经注释"（简称为"天注"）在这方面作出划时代的贡献。

　　"天注"是坊间现有最深入和详尽的中文释经书，为读者提供准确的数据，又保持了华人研读圣经兼顾学术的优美优良传统，帮助读者把古代的信息带入现代处境，可以明白圣经的教导。"天注"的作者都是华人学者，来自不同的学术背景，散居在香港、台湾地区以及东南亚、美洲和欧洲各地，有不同的视野，却同样重视圣经权威，且所写的是针对华人读者的处境。

　　感谢容保罗先生于 1978 年向许书楚先生倡议出版"天注"，1980年 11 月第一本"天注"（鲍会园博士写的歌罗西书注释）面世，二十八年后已出版了七十多本。史丹理基金公司和"天注"委员会的工作人员从许书楚先生手中"接棒"，继续不断地推动和"天注"有关的事工。如果顺利，约一百本的"天注"可在 2012 年完成，呈献给全球华人读者研读使用。

　　笔者也于 2008 年 10 月从鲍会园博士手中"接棒"，任"天注"的主编，这是笔者不配肩负的责任，因多年来为了其他的工作需要而钻研不同的学科，未能专注及深入地从事圣经研究，但鲍博士是笔者的"恩师"，笔者的处女作就是在他鼓励下完成，并得他写序推介。笔者愿意接棒,联络作者及构思"天注"前面的发展,实际的编辑工作由两位学有所成的圣经学者鲍维均博士和曾祥新博士肩负。

愿广大读者记念"天注",使它可以如期完成,这是所有"天注"作者共同的盼望。

邝炳钊

2008 年 12 月

旧约编辑序

　　"天道圣经注释"的出现代表了华人学者在圣经研究上的新里程。回想百年前圣经和合本的出现,积极影响了五四运动之白话文运动。深盼华人学者在圣经的研究上更有华人文化的视角和视野,使福音的传播更深入社会和文化。圣经的信息是超时代的,但它的诠释却需要与时俱进,好让上帝的话语对当代人发挥作用。"天道圣经注释"为服务当代人而努力,小弟多蒙错爱参与其事,自当竭尽绵力。愿圣经的话沛然恩临华人读者,造福世界。

曾祥新

新约编辑序

　　这二十多年来，相继出版的"天道圣经注释"在华人基督教界成为最重要的圣经研习资源。此出版计划秉持着几个重要的信念：圣经话语在转变的世代中的重要，严谨原文释经的重要，和华人学者合作与创作的价值。在这事工踏进另一阶段的时候，本人怀着兴奋的心情，期待这套注释书能够成为新一代华人读者的帮助和祝福。

鲍维均

作者序

　　许多信徒在研经之时,很自然会着意找出经文对今日信徒的应用。不过,生活应用必须先有正确的释经根据,明白圣经作者要表达的原意,才可以有正确的运用。雅各书不但是一本注重生活应用的书,更是根据真理的道而引伸出来的生活指导:把圣经真理生活化。这是笔者喜欢雅各书的原因。还有,雅各书的主题,论到信心的考验,这是笔者和千万主内同道曾经、现在和未来面对的挣扎。笔者从研读这卷书中得到许多提醒和帮助,也希望跟读者分享这个信息。

　　在写作本书的过程中,遇见不少困难。笔者在1991年初移民到加拿大的多伦多,负责牧养教会。以往十七年在中华神学院事奉,如今转为牧会,加上是新移民,因此在生活上和工作上就需要很多时间去适应。这一年基本上完全没有时间精神去做撰写的工作。

　　在1992年至1993年,笔者断断续续利用星期一的教牧同工节假和年假,做些释经工作和搜集资料的工作。1994年5月,就利用年假,整个月埋首在安河神学院的图书馆中,做数据整理和撰写工作。感谢主的恩典,假期完毕,初稿亦大致完成。随后半年,也是利用每周一天的假期,把初稿修改,重新誊录,终于在1994年年底完成。

　　这本小小的注释书能够出版,笔者要感谢史丹理基金会的许书楚长老对基督教文字事工的热心支持。多谢天道书楼各位编辑及同工的鼓励和协助:感谢洪同勉牧师邀约撰稿;容保罗牧师及其他同工的关心和指导。多谢内子维正,三年来对我连假期也埋首书桌的忍耐和体谅。谢谢笔者所在教会(黎明山华人浸信会)弟兄姊妹的关怀与代祷。更感谢天父给我的力量和恩典。

　　本书中的新旧约圣经译文,除了特别注明之外,全部采用中文圣经新译会出版的新译本(《新译本新约全书》1976、《圣经新译本》1993)。
雅各书的释经是根据希腊原文而作的。

　　但愿这本拙作能够抛砖引玉,引发基督徒信道与行道的经验,并在
信心受到试炼的日子,靠着从上帝而来的智慧,生命更臻成熟,一切荣
耀归给至高者!

梁康民谨识
1994 年圣诞
加拿大多伦多

简写表

和合本	《新旧约全书》。香港圣经公会
现代	《圣经一现代中文译本》。香港圣经公会
当代	《当代圣经》。香港：天道书楼
新译本	《新译本新约全书》。香港：天道书楼 1976
	《圣经新译本》。香港：天道书楼 1993
巴克莱	《新约原文字解》，邓肇明译。香港：文艺
王守仁	《华人神学期刊》，一卷一期，1986 年 6 月
包恪廉	《花香满径》，余也鲁译。香港：海天
沃纳	《战胜黑暗》，牧民译。香港：证主
韦智理	《人到中年》，郑惠仁译。香港：浸会
侯士庭	《基督徒品格之塑造》，陈恩明译。台湾：中国福音
冯荫坤	《中国神学研究院期刊》，第七期，1989 年 7 月
鲍会园	《歌罗西书注释》。香港：天道
宾哈特·基思坦逊	《心路历程》，张梅英译。香港：道声
AB	*The Anchor Bible*
Adamson	J. Adamson, *James in NICNT*
Alford	H. Alford, *Greek Testament* in 4 volumns
Baker	W. R. Baker, *Personal Speech-Ethics*：*A Study of the Epistle of James Against its Background*
Baird	J. A. Baird & J. D. Thompson, *A Critical Concordance to the Letter of James*
Barclay	William Barclay, *Daily Study Bible*
Bauer	Bauer-Arndt-Gingrich, *A Greek-English Lexicon of the New Testament and Other Early Christian Literature*

Blass	Blass & Debrunner, *A Greek Grammar of the New Testament and Other Early Christian Literature*
Brown	Colin Brown, *The New International Dictionary of New Testament Theology* in 3 volumes
Burdick	Donald W. Burdick, *James* in *the Expositor's Bible Commentary* (*EBC*)
Bullinger	E. W. Bullinger, *Figures of Speech Used in the Bible*
Cambridge	*The Cambridge Bible Commentary*
CBQ	*Catholic Biblical Quarterly*
Davids	Peter Davids, *James* in *NIGTC*
Davids-Tradition	P. H. Davids, "Tradition andCitation in the Epistle of James," in W. W. Gasque and W. S. LaSor (eds.), *Scripture, Tradition, and Interpretation*
Dibelius	M. Dibelius, *James*. Tr. by Michael A. Williams
Easton	Burton Scott Easton, *James* in the *Interpreter's Bible*
EBC	*Expositor's Bible Commentary*
EGT	*Expositor's Greek Testament*
EQ	*Evangelical Quarterly*
Guthrie	Donald Guthrie, *New Testament Introduction*
GNB	*Good News Bible*
Hiebert	D. E. Hiebert, *James*
Hort	F.J.A. Hort, *James*
HTR	*Harvard Theological Review*
JB	*Jerusalem Bible*
JBL	*Journal of Biblical Literature*
Kistemaker	S.J. Kistemaker, *James*
Knowling	R.J. Knowling, *James*
Laws	Sophie Laws, *James* in Harper's *NTC*
Lightfoot	J. B. Lightfoot, *Galatians*
Martin	R. A. Martin, *James*

Mayor	Joseph B. Mayor, *James*
Metzger-Background	Bruce M. Metzger, *The New Testament : Its Background, Growth, and Content*
Metzger-Text	Bruce M. Metzger, *The Text of the New Testament*
Metzger-Textual	Bruce M. Metzger, *A Textual Commentary on the Greek New Testament*
Mickelsen	A. Berkeley Mickelsen, *Interpreting the Bible*
Mishnah	*The Mishnah*, tr. by Herbert Danby
Moo	D. J. Moo, *James in TNTC*
Moule	C. F. D. Moule, *An Idiom Book of New Testament Greek*
MM	Moulton & Milligan, *The Vocabulary of the Greek Testament Illustrated from the Papyri and Other Non-Literary Sources*
NASB	*New American Standard Bible*
NBD	*New Bible Dictionary*
NEB	*The New English Bible with the Apocrypha*
Neill	Stephen Neill, *The Interpretation of the New Testament* 1861 – 1961
NIV	*New International Version*
NTS	*New Testament Studies*
Oesterley	W. E. Oesterley, *James in EGT*
Robertson	A. T. Robertson, *Word Pictures in the New Testament*
Ropes	J. H. Ropes, *James in ICC*
Ross	A. Ross, *James and John*
RSV	*Revised Standard Version*
RV	*Revised Version*
Tasker	R. V. G. Tasker, *James in TNTC*
Thayer	Thayer-Grimm, *Greek-English Lexicon to the New Testament*
Trench	R. C. Trench, *Synonyms of the New Testament*

UBS	United Bible Societies, *The Greek New Testament*
Vincent	M. R. Vincent, *Word- Studies in the New Testament*
Vine	W. E. Vine, *An Expository Dictionary of New Testament Words*
WH	Westcott and Hort, *New Testament*
ZPBD	*The Zondervan Pictorial Bible Dictionary*

导论

导论

壹　雅各书的地位

在新约圣经廿七卷书之中，有七卷书归类为"大公教会书信"（Catholic Epistles），或称为"一般书信"（General Epistles）。这七卷书就是雅各书、彼得前书、彼得后书、约翰一书、约翰二书、约翰三书和犹大书。

所谓"大公教会"，就是指所有基督教会。而"一般书信"中的"一般"，也是指众教会而言。换而言之，这七封信是写给众教会的。这一类书信，没有指定受信人的名字，亦没有指明写给哪一个地方的教会（除了彼得前书和约翰三书）。

"大公教会书信"这个名词，最先是由亚历山大的革利免（约在公元二百年）采用的。他论到在耶路撒冷教会会议之后发给众教会的一封信（参徒十五 23），便说这封是"众使徒写给大公教会的信"（the Catholic Epistle of all the Apostles）。[1] 俄利根（约在公元二百五十年）沿用这个名词来称呼巴拿巴书信、约翰的三封信、彼得的两封信以及犹大书。[2] 后来，"大公"（Catholic）这个名称，也用在普世教会公开接纳的书信，表明这些作品的教义是正统的。故此，"大公教会书信"的名称就含有真确的（genuine）和合乎正典的（canonical）意思。[3]

---

[1] 转引自 NBD, 202。参阅 Mayor, lxxx.

[2] 同上。俄利根在他的 Comm. in John xix, 6 (Patrologia Graeca xiv, 569)之中，引用雅各书第二章二十及廿六节。

[3] NBD, 202.

由于这七封信是给予众多教会的公开信,所以从内容里面很难找出是反映哪一个时间和地点的特色,或当时的教会是个怎样的教会等等。换而言之,在重建受信者的历史情况时,就比较困难。

这七封信中,只有彼得前书和约翰一书用了较多的篇幅来讨论基督教教义;其余五封书信都是讨论基督徒生活问题的。由于初期教会自第一世纪末出现许多异端邪说,尤其是"基督论"问题困扰教会,故此,初期教会比较留意推广流传有关教义的书信,例如保罗的书信,而雅各书这种讨论生活问题的书信,便不多受人注意,教会之间亦不甚流传。④

雅各书在收入正典的过程中遭遇到困难,这是很容易理解的。第一,雅各书内容简单,主要是论及生活问题,很少提到教义,故未能引起当时各教会的特别关注。第二,雅各书的内容主要是针对犹太人基督徒(详见下文论受信人),所以这封信及它的抄本只在狭窄的区域内流传,未为众多教会所认识。第三,雅各书作者的身份迟迟未能确定,亦影响教会对这封信的接纳。东方教会是初期教会时代犹太人基督徒散居的地区,很早便接纳了雅各书。而西方教会则要到第四世纪末,在迦太基会议(Council of Carthage,公元 397 年)才正式承认雅各书的地位。不过我们应当注意,根据上述三个原因来看,并不是雅各书的地位受到排斥,而是因为被人忽视而已。

其实雅各书并非不理会教义,或是不符合基督教教义。雅各书的实际生活指导和教训,其实是根据正确的教义观念而作出的。雅各书的体裁,与其说它是一封书信,不如说它是一篇讲章。⑤ 全书有一百零八节,而命令式动词便有六十个之多。⑥ 虽然马丁·路德批评雅各书是"稻草之书"(Epistle of Straw),不过路德并非认为雅各书是"草木禾秸",不堪一提,或是没有保存的价值。路德其实是将雅各书与其他较

---

④ 保罗吩咐歌罗西教会,跟老底嘉教会交换书信来读(西四 16)。当然这两间教会各自抄录一份书信来保存,然后才送出去(或保罗原稿?)。当这些书信推广转送给其他教会的时候,抄写副本的机会便愈来愈多。后来彼得写信给众教会时,提及保罗的书信,这表示众多教会已看过或保存了保罗的一些书信(参彼后三 15~16)。

⑤ Metzger,*Background*,251.

⑥ 同上。

多论及教义的书信作出比较而已。⑦吉富理(Guthrie)看出这种情势,为雅各书的地位作出中肯的评价。他说,雅各书的贡献,就是在于它反映出初期教会的简朴的情况。这卷书所反映的是教会的一个过渡时期(age of transition),由此逐渐进入复杂与教义之争的时代。⑧

至于有人说,雅各书不注重信心,只注重行为,主张靠行为称义。这种批评是由于我们对"信心"的观念有不同的理解所致。举例来说:保罗、雅各、希伯来书的作者,他们三人怎样去解释信心呢? 其实他们三位是分别说出"信心"的三个历史阶段:过去、现在与未来。保罗论到已经发生的信心,是指出罪人向上帝完全降服,接受上帝在基督耶稣里给人的应许。雅各则论到现在的信心,因着爱上帝而服从他的命令。希伯来书的作者则说,用信心勇敢地进入未为人知的将来,信靠那位创始成终的基督。⑨

贰 作者

本书信在开首的问安语中,提及自己是雅各(一 1)。从书信的内容来看,句子的语气权威有力,早期东方教会已普遍接受这信的地位。因此,假如这位雅各是个名不见经传的人物,似乎不太合理,故此我们会在新约圣经中去找出这位雅各,到底他是谁? 在新约圣经中提到有四位雅各:(一)使徒犹大(不是加略人犹大)的父亲(路六 16);(二)亚勒腓的儿子,使徒雅各(太十 3);(三)西庇太的儿子、约翰的兄弟,使徒雅各(太四 21);(四)耶稣的兄弟(太十三 55;加一 19)。上述第一位,是犹大的父亲,雅各这名只是为了确认犹大的身份。而第二位只在使徒名单中出现过。我们对上述两人的生平事迹一无所知,大概可以不必理会。至于第三位,西庇太的儿子雅各,他在公元四十四年便为主殉道,死在希律亚基帕一世的手下(徒十二 1~2)。他这么早便离世,大概没有足够的时间容许他写这封书信。而本书的作者,没有提及自

---

⑦ Luther's Works 35:397. 参穆尔,5。

⑧ Guthrie, 736.

⑨ Neill, 189.

己是"使徒",只称自己是"仆人"。故此符合剩下来的第四个可能性,他就是主耶稣的兄弟雅各。一般的教会传统都接受他就是雅各书的作者。[10]

在教父的著作之中,最早提及这封信是雅各所写,并且承认它的圣经地位的,就是俄利根(C. 185－253)。[11]后来又有优西比乌(C. 265－340)引用雅各书的内容,并提及这位雅各是耶稣的兄弟。[12] 耶柔米(C. 340－420)则说这信是冒名的作品,不过他却把雅各书如同圣经一般来看待。[13] 梅雅(Mayor)在他的雅各书注释中,详细讨论教父著作如何引用雅各书的资料,显示早期教父及众教会已相当接纳雅各书的地位。[14] 这也等于承认雅各书作者的身份地位。

耶稣在复活之后,曾经向雅各显现(林后十五7),雅各因此信了主耶稣就是基督,后来更成为耶路撒冷教会的领袖。在教会历史性的第一次会议中,雅各显然是会议的主持人(徒十五13)。在此之前,希律杀了西庇太的儿子雅各(徒十二2)。希律见犹太人喜欢杀害使徒,又去捉拿彼得(徒十二3),后来天使把彼得救出监牢。彼得重获自由之后,跑到马可的家,并吩咐门徒,把这事告诉雅各(徒十二17)。因此,使徒彼得亦尊重雅各在耶路撒冷教会中的领导地位。

保罗写信给加拉太教会之时,提及教会的柱石:雅各、矶法、约翰(加二9)。雅各之名,赫然排在矶法(即彼得)和约翰之先。这位耶稣的兄弟雅各,显然取代了西庇太的儿子雅各,成为耶稣三名亲信使徒之一。[15] 保罗悔改信主之后,先后去了阿拉伯、大马士革,三年之后,才初

---

⑩ 参阅 Mayor,lv.

⑪ Comm. in John xix,6,xx,10;ad Rom. ii,12,viii,1;Sel. in Exodus xv. 25;Sel. in Leviticus xii,3 等。

⑫ Eusebius,*Ecclesiastical History*,2：23.

⑬ De Vir. Ill. ii;参阅 Westcott,*On the Canon of the New Testament*,448。又见 Guthrie,737.

⑭ Mayor li-lxiii. Mayor 说,引述过雅各书的教父或著作,包括有:罗马的革利免、化名的革利免(Pseudo-Clement)、十二使徒遗训、巴拿巴书信、十二先祖约书、伊格那丢(Ignatius)、玻旅甲(Polycarp)、黑马(Hermas)及第二世纪末期的教父等。

⑮ 福音书常把彼得、雅各、约翰三人看为耶稣基督的亲信使徒。耶稣登山变像(太十七1)、客西马尼园祈祷(太廿六37),都是带他们三人同去。在福音书中常提及的雅各,是西庇太的儿子。保罗写加拉太书时,所指的雅各则是耶稣的兄弟。

次重返耶路撒冷。那时,他只和彼得及主的兄弟雅各会面(加一17~19;徒廿一17~18)。后来保罗提到耶路撒冷教会的代表时,他说这些代表是"从雅各那里派来的人"(加二12)。这些记录,都证实了主的兄弟雅各在初期教会中的领袖地位。

雅各书开首的问安语中,作者并没有标榜自己是耶稣的兄弟,只简单地称自己是"仆人"。雅各实在是个谦卑而敬虔的人,虽然当上了耶路撒冷教会的监督,却深深感觉自己不配称为耶稣的兄弟。教会传统认为雅各为人敬虔正直、办事严谨公正,获得"公正的雅各"(James the Just)的称号。[16]

叁 日期

当我们确定了耶稣的兄弟雅各是作者之后,便比较容易确定本书的写作年期。根据犹太历史家约瑟夫(A.D.37-100)的记载,雅各是在公元六十二年殉道而死。[17] 西庇太的儿子雅各在公元四十四年殉道,随后彼得又被希律捉拿。天使把彼得救出监牢之后,彼得吩咐人把这事告诉主的兄弟雅各(徒十二17)。可见,在公元四十四年期间,主的兄弟雅各已经成为耶路撒冷教会的领袖。

由于雅各书内容反映出教会的组织并未进入复杂化、组织化(试参考比较保罗晚年所写的教牧书信),书内亦未见有犹太主义与外邦信徒之间的矛盾(例如割礼)。故此,一般学者都主张这信的写作年代很早,应该是介乎公元四十五年至五十年之间。梅雅甚至主张是在五旬节后不久,而且是在耶路撒冷会议(A.D.51年举行)以先所写的。[18]

布迪(Burdick)举出六个理由,主张雅各书写于公元四十五至五十年间。[19]

(一)本书富有犹太人色彩,表明教会在最早期信徒绝大部分是犹

[16] Eusebius, *Ecclesiastical History*,2:23.
[17] Josephus, Anti. xx,9,1.
[18] Mayor, cxlv.
[19] Burdick,162.

太人。

（二）本书没有提到外邦人成为基督徒的有关题目，这点符合早期教会的情况，因为福音传给外邦人，是稍后期才开始的。

（三）书中没有犹太主义之争，例如割礼、守节期等（比较加拉太书、歌罗西书）。这点亦符合早期情况。

（四）本书与耶稣的教训和旧约的教导，关系十分密切。假如这书是第一世纪下半期写成，大概会和保罗书信的语调一致。

（五）教会组织很简单，只提及"教师"（三 1）和"长老"（五 14）。

（六）提及信徒聚集的地方时，称为"会堂"（synagōgē，二 2），也显示最早期的教会成员是由犹太人所组成。

若是雅各书写成于公元四十五至五十年间，那么雅各书便是新约所有书卷中最早写成的书卷。持这个立场的学者包括：Knowling（1904）、Mayor（1910）、Kittle（1942）、Ross（1954）、Guthrie（1964）、Robinson（1976）、Davids（1982）、Moo（198 5）等等。[20]

肆　受信人

根据本书一章一节，提及"散居各地的十二支派"。传统的意见认为是指分散在耶路撒冷以外地区的犹太人基督徒。

"十二支派"这个名称，是形容犹太人整体。犹太人的先祖雅各生下十二儿子，日后成为以色列的十二支派（创四十九 28）。日后，"十二支派"之名就成为以色列整个民族的代号。

保罗在亚基帕王面前自辩的时候，提到上帝向以色列民的应许，说："我们十二支派昼夜切切的事奉上帝，都是盼望这应许实现"（徒二十六 7）。耶稣提到将来他在荣耀中降临，门徒也有份与主一同作王，坐在十二个宝座上，审判以色列的十二个支派（太十九 28）。[21]

---

[20] 作者名字之后的年份，是该作者释经著作最晚近的版本日期。参阅 Davids，4.

[21] 有些解经家不同意十二支派是指以色列人。Ropes 认为是指一般基督徒（p. 40）。E. F. Scott 认为，在以色列人被掳回归迦南地之后，十二支派实际上已经散失。故此，他认为："十二支派"一词，只是借喻性（metaphorically）的，泛指所有属上帝的人（见氏著 *The Literature of the New Testament*，211）。

本书提及"会堂"(二 2),亦有提及"教会"(五 14)。从两处经文的上文下理来看,"会堂"是指聚会的地方,"教会"是指信徒群体。故此,受信人是最早期的犹太人基督徒,他们常在会堂聚集(参徒九 20,十三 5、14~15、42 及十四 1 等)。

还有本书所用的词语,反映出受信人与作者共有的犹太背景,因为他们都熟悉这些词句的意义。例如提到摩西的律法(一 25,二 8~12),"我们的祖先亚伯拉罕"(二 21),"万军之耶和华"(Kyriou Sabaōth,五 4)。此外,提及的旧约人物还包括:亚伯拉罕、喇合、约伯、以利亚。又用旧约先知的口吻责备犯罪的人。书中亦有许多希伯来惯用语和智慧格言。[22]

受信人不但是犹太人,也是基督徒。雅各称他们是"信奉荣耀的主耶稣基督"(二 1),他们是藉着真理的道得了重生(一 18);他们信奉了耶稣的尊名(二 7)。雅各劝他们忍耐,等候主再来(五 7、8)。

这些基督徒大概是在司提反被逼迫至死之后(徒八 1,十一 19),逃往外地去的,分散地域不会太远,大概在地中海东部沿岸市镇。雅各是以耶路撒冷教会的牧者身份,写信给逃散在外的"会友",目的是安慰和鼓励这些在患难中的信徒。信中提及的事情,包括如何面对试炼;信徒在法庭上的诉讼;假教师当慎言;人生的价值观等等。雅各很可能得到从那些地方回来的信徒所作的报告,写出这封信来响应他们的处境。[23]

从内容上看,雅各书显然是一封"教牧书信"——以书信形式来指导信徒,如何去过教会生活、肢体生活以及如何面对每日生活中的试炼。

伍　内容及大纲

雅各书的内容,响应了很多耶稣的教训,特别是耶稣的"山上宝训"(太五至七章)。下面列出两者相似的地方:

---

[22] 参阅 Oesterley,393-397.
[23] Burdick,163.

患难逼迫中要喜乐	雅一 2	太五 10～12
要追求完全	一 4	五 48
祈求恩赐礼物	一 5	七 7～11
不要发怒	一 20	五 22
听道与行道	一 22	七 24～27
遵守全部律法	二 10	五 19
怜悯人	二 13	五 7
使人和睦	三 18	五 9
与世俗为友就是与神为敌	四 4	六 24
谦卑受益	四 10	五 5
不要论断	四 11、12	七 1～5
钱财生锈长虫	五 2～3	六 19
以先知作榜样	四 10	五 12
不可起誓	五 12	五 33～37

　　除了和山上宝训的内容相似,还有下列与耶稣其他言训相类似之处:
要有信心、不可疑惑(雅一 6;太廿一 21),至大的诫命乃是爱邻舍如同自己
(雅二 8;太廿二 39),不要妄自称作教师(雅三 1;太廿三 8～12),急躁言语
的危险(雅三 2;太十二 36,37),审判的主就在门前(雅五 9;太廿四 33)。

　　虽然雅各书中有这么多地方跟马太福音中主耶稣的教训相似,
不过我们并没有证据说雅各是由马太福音中转引过来的。在初期教
会时代,耶稣在世上之时的讲论和教训,没有立即用文字记录下来,
因为最早的福音书马可福音,也要到公元六十年代初期才写成。而
马太福音比马可福音写作的年期更迟一些。㉔ 耶稣复活之后,门徒到

㉔　一般学者主张马可福音是最早写成的福音书。亦有学者认为马太福音最早。参阅 F. F.
　　Bruce, *The New Testament Document: Are They Reliable?* 29 - 45; Metzger, *Background*, 73 - 101; Neill, 104 - 136.

处宣扬耶稣的教训,是用"口头传递"的方式,重复又重复地申述,以至在日后把耶稣的教训记载下来的时候,已经成为相当固定的模式。雅各很明显是由"口头传递"之中获得关于耶稣的教训内容的。[25]

另一方面,彼得前书的内容,有些地方与雅各书很相像。例如:论试炼(雅一 2～3;彼前一 6～7),受苦与冠冕(雅一 12;彼前五 4),使人重生的真道(雅一 18;彼前一 23),除去污秽邪恶(雅一 21;彼前二 1),抵挡魔鬼(雅四 7;彼前五 8～9),谦卑与高升(雅四 10;彼前五 6)。[26]

彼得前书写在公元六十年代初期,彼得很可能读过雅各书,并且采用了书中的材料,这实在不足为奇。[27] 除此之外,雅各亦擅于借用两约之间的智慧文学,例如要信徒"快快地听"(雅一 19;比较 Sir. 5:11)。"生命如同云雾"(雅四 14;比较 Wis. 2:4)。

至于本书的结构大纲,许多学者都认为很难为雅各书写出大纲来。我们若多查看几本注释书,就会发现各人写出的大纲非常不同。有的把全书分为两大段,[28]有的分为廿五个分段。[29] 李斯(Reese)提出一个 A‐B‐C‐B'‐A'的结构格式,颇值得参考:[30]

第一章	第二章	第三章	第四章 四 1,五 6	第五章 五 7
开卷语	对富人的训话	教师/智慧者的责任	对富人的训话	结束语

    A — B — C — B' — A'

笔者试图用"信心的考验"为核心,把雅各书的主要信息分为七个

---

[25] 参看 Guthrie, 743。当然有些学者不同意本书的作者雅各是耶稣的兄弟,甚至不认为他是初期教会时代的人物。Shepherd 便认为雅各书作者是第二世纪的人物,他获得马太福音的数据,转引到自己的作品之中。参 M. H. Shepherd, Jr., JBL, lxxv, 1956, 40‐51.

[26] 参看 Guthrie, 752; Mayor, cii‐cv.

[27] Mayor, cii.

[28] Robert G. Gromacki, *New Testament Survey*, 341.

[29] Easton, 18.

[30] J. M. Reese, "The Exegete as Sage: Hearing the Message of James," *Bib. Theo Bull*. 12 (1982), 85‐85.

考验信心的题目，写成以下的雅各书大纲：㉛

I　问安（一 1）

II　导言：经得起考验的信心（一 2～8）

　　（ i ）为什么要考验信心？（一 2～4）

　　（ii）信心考验与智慧（一 5～8）

III　信心考验之一：贫与富（一 9～18）

　　（ i ）生命与财富孰重？（一 9～11）

　　（ii）满足个人欲望？（一 12～15）

　　（iii）仰望赐恩的主（一 16～18）

IV　信心考验之二：听道是否引致实践真理（一 19～27）

　　（ i ）虚心听道（一 19～21）

　　（ii）留心行道（一 22～25）

　　（iii）真的虔诚——能说能做（一 26～27）

V　信心考验之三：怎样判断人反映你内心的价值观（二 1～13）

　　（ i ）法律面前，人人平等（二 1～7）

　　（ii）上帝审判人的法则（二 8～13）

VI　信心考验之四：行动反映内心的信仰（二 14～26）

　　（ i ）徒托空言抑或雪中送炭？（二 14～17）

　　（ii）信心引导出行为回应（二 18～26）

　　　　1. 信心与行为要并重（二 18）

　　　　2. 鬼魔在信心上的回应（二 19～20）

　　　　3. 亚伯拉罕信心的回应（二 21～24）

　　　　4. 喇合信心的回应（二 25～26）

VII　信心考验之五：有节制、有纪律的生活（三 1～18）

　　（ i ）运用舌头——说话的内容是考验节制能力之途径（三 1～12）

　　　　1. 完美的教师（三 1～2）

　　　　2. 节制（受控制）能发出能力（三 3～12）

㉛ 笔者编定这份大纲，灵感来自一本书及一篇文章：J. A. Motyer，*The Tests of Faith* (London：IVP, 1970)；D. Edmond Hiebert，"The Unifying Theme of the Epistte of James," *The Bib Sac Reader* (Chicago：Moody Press, 1983)，143 - 154.

注释

壹　问安
（一 1）

¹ 上帝和主耶稣基督的仆人雅各，向散居各地的十二支派问安。

　　雅各在书信开始的时候，先作自我介绍。希腊文版本（以下简称原文）的句子结构是这样的：“雅各：属上帝的和属主耶稣基督的仆人”。在“上帝”和“主”两个字之间有一个连接词“和”字。这样一来，在文法上至少有两种处理的方法：

　　（一）雅各：属上帝的仆人，又是属主耶稣基督的仆人。意思是雅各同时并且分别是上帝的仆人和主耶稣基督的仆人。

　　（二）雅各：属于那位是上帝且是主的耶稣基督的仆人。意思是耶稣基督是上帝，也是主。

　　在神学上来说，两种处理方法都没有问题。上述（一）的解释，雅各是上帝的仆人，是指三位一体的上帝中的第一位格：“父上帝”。同时，雅各又是主耶稣基督的仆人。上述（二）的看法，认同耶稣基督是上帝、是主，表示耶稣基督是具有“神性”和尊贵的“主”。使徒多马看见复活的耶稣基督向他显现，马上跪下来说：“我的主！我的神！”（约二十28）

　　梅雅、亚当辛（Adamson）和布迪都主张照上述（一）的处理方法。^①假若在“上帝”这个字之前有一个冠词的话，我们便可以清楚知道作者是要把“上帝和主”当作一个形容词看待，即上述（二）的处理方法。但是这句子中“上帝”之前并没有冠词，那么我们可以认为作者对这问题并无事先声明，而在既不抵触文法、又不违背神学观点的情况下，采纳看法（一）。

　　对雅各来说，他是个犹太人，能够被选召作“父上帝”的仆人，是容易理解的。但同时承认自己更是那位和自己有半个血统关系的耶稣的仆人，并且承认他是“主”，这就反映雅各对耶稣的信仰宣告：耶稣是基

---

① 参阅 Mayor，29；Adomson，50；Burdick，167.

督（弥赛亚、上帝的受膏者），是他的主（kyrios）。在下文二章一节，雅各更称呼耶稣是"荣耀的主"。

　　一1　"仆人"　"仆人"或译作"奴仆"。我们本来是罪的奴仆，悔改信主以后，成为基督的奴仆（参罗六16～22）。在新约书信的作者之中，只有雅各和犹大，简单地自称是"仆人"。大部分保罗书信中，保罗都有介绍自己是使徒（参罗一1；林前一1；林后一1；提前一1；提后一1等）。当然雅各不是十二使徒之一，他是在主耶稣复活之后，蒙主怜悯，得见复活主荣耀的显现，而成为主耶稣的门徒（林前十五7）。保罗也是在大马士革路上，蒙了复活主的光照而信主（徒九1～18）。故此保罗既有使徒身份，雅各也具有这身份。不但如此，保罗所写的加拉太书，已经提及主的兄弟雅各（加一19），是耶路撒冷教会的领袖（二9）。保罗在提到从耶路撒冷教会来的代表时，称为"从雅各那里来的人"（加二12）；又参照使徒行传十五章十三至廿九节，雅各在历史上第一次教会会议中作了"总结陈词"，把众人的见证、辩论、意见归纳起来，并引述旧约圣经的话，作出有力的、有权柄的"行政指引"，发出教会公函，差遣信使，把会议决案通传外邦众教会，可见雅各在主复活后的十年间，一跃成为使徒时代教会的领袖。保罗在加拉太书二章九节提及"那几位被誉为教会柱石的雅各、矶法和约翰"，这位雅各已经不是西庇太的儿子雅各，因为他早已为主殉道（参可三17；徒十二2），而是由主的兄弟雅各所代替。

　　这个简单的自我介绍，反而更显出作者的名字，是当时各地耶稣的门徒所熟悉的人物。雅各虽然是耶稣的弟弟，但是他的确知道，耶稣与他自己的身份、地位有天渊之别。

　　虽然"仆人"这个称呼很简单，然而能够被称为"上帝的仆人"和"主耶稣基督的仆人"，却是十分尊贵的身份。在旧约圣经中，有"上帝的仆人"这名衔的，包括有：摩西（申三十四5；但九11；玛四4）；大卫（耶三十三21；结三十七25）；以色列民（赛四十一8等）；先知（但九10；耶七25）。能够成为"主耶稣基督的仆人"，更是表明这个人是服事耶稣基督、尊他为主的。

　　"雅各"　参阅本书导论。

　　"向散居各地的十二支派"　"散居"一词，原意是指"撒种"，后来用在指离开圣地(迦南)侨居在外邦的犹太人。请参阅彼得前书一章一节："分散在本都、加拉太、加帕多家、亚西亚、庇推尼寄居的人"。雅各书大约写成于公元四十五至五十年间。根据使徒行传二章五节,记载有犹太人从天下各国而来,到耶路撒冷参加五旬节聚会,而且他们能够用侨居地的语言来互相沟通,可见他们侨居外地已有多年。后来在使徒行传八章一节、四节以及十一章十九节,提到耶路撒冷的信徒受到逼迫,有好几次逃亡,迁徙到犹大、撒玛利亚,甚至远达腓尼基、居比路和安提阿等地。

在旧约的希腊文七十士译本中,已有用"散居"这个词来指侨居外地的犹大人(申廿八 25;诗一四七 2 等)。在新约圣经中,这词除了在此处之外,还见于约翰福音七章三十五节和彼得前书一章一节。

这些离乡背井的犹太人,逃亡时只带走少量的家当细软,到了侨居地从头开始生活,挣扎求存,生活十分艰苦,信心难免遭受考验。其实当日的基督徒,不论仍留在耶路撒冷的,或逃亡、移民到外地的,都是同样受到信仰上的冲激和生活上残酷的考验。今日何尝不是?今日中国信徒,包括大陆、台湾、香港,无论住在本地,或是侨居外地,信仰与生活上的试炼基本上没有多大的分别。雅各作为耶路撒冷教会的牧者领袖,并没有对移民外地的信徒大加鞭挞,反而关心他们的信仰和生活,写信给他们,勉励他们持定信心:信仰就是生活;生活就是信仰。住在本土、在上帝应许之地的,固然要持定信心(参申六章);侨居在外地的,更当如此。

作者称呼他们是"十二支派"。梅雅认为这称呼可以证明本书信是属于使徒时代的作品,[2]因为在较后期的书信中,已经不用这词语来形容犹太人了。保罗在亚基帕王面前自辩时,也用了"十二支派"一词来泛指犹太人(徒廿六 7)。故此,雅各书的写作对象是以犹太人基督徒为主。

"问安" 原文是 chairein,解作"高兴,快乐",是希腊语,是在见面及分别时惯用的招呼词语。在新约中,只有此处及使徒行传十五章廿

---

② Mayor,cxxvii.

三节和廿三章廿六节用过。特别是使徒行传十五章廿三节，雅各作为耶路撒冷教会的领袖，写公函给外邦众教会时的问安语，就用了这词语。故此，雅各书的作者是主的兄弟雅各，得到文字修辞上吻合的证据。雅各是用了一个侨居外地的犹太裔基督徒日常惯用的问安语。

贰　导言:经得起考验的信心（一2～8）

(I) 为什么要考验信心？（一2～4）

2 我的弟兄们，你们遭遇各种试炼的时候，都要看为喜乐；

3 因为知道你们的信心经过考验，就产生忍耐。

4 但忍耐要坚持到底，使你们可以完全，毫无缺欠。

　　一2 "我的弟兄们" "弟兄们"这个亲切的称呼，贯串全卷书信，有十五次之多（一2、16、19，二1、5、14，三1、10、12，四11，五7、9、10、12、19）。这些侨居外地的犹太信徒，有些或许与雅各素未谋面；有些是雅各信主之后才结识的。无论如何，他们都是骨肉之亲。除了血统上是犹太人之外，在属灵上更是上帝的儿女，在主里是弟兄姊妹。雅各用这词语，除了表达在主里面的亲切情谊之外，更用作转换话题或促请读者留意的提示语句。而在第五章中用了五次，更显出雅各在结束书信之时那种情词迫切的心境。

　　"你们遭遇各种试炼的时候"　在这句子之前，原文有一个连接词："当"（hotan），中文没有译出来。这个连接词含有"每当"——就是"当有这样事情发生的时候"——的意思。这表示基督徒在日常生活之中随时会遭遇试炼，我们当有所准备去面对、应付。

　　"遭遇"　和合本作"落在"，是个复合动词，由"环绕"或"缠绕"以及"跌倒"几个字组合而成（peri + piptō）。"遭遇"含有牵涉、陷入无法脱身的困境、危险重重的意思。在路加福音十章三十节用这字来形容有人"落在"强盗手中。保罗在哥林多后书十一章廿三至廿七节就描述他自己所受的重重苦楚试炼。梅雅说这词语和十四节描述"被自己的私欲所勾引诱惑"的情况,正好说明了试探里外夹攻的情况。① 这里所说的是外在环境的试炼;十四节所说的是内在情欲的引诱。

"各种试炼" 和合本作"百般试炼"。"各种",原文是"多色彩"的意思,是用来形容豹皮斑点花纹,或是有花纹的外袍、大理石的花斑等等。引伸用作形容"多变化"、"多类型"。和"试炼"连在一起使用时,表示试炼的花样层出不穷,没有固定形式、千变万化。正因为如此,信徒要小心认出试炼的本质,不要受迷惑。使徒彼得也用"各种试炼"这词(彼前一 6),不过他也说上帝的恩赐也是多样化的(彼前四 10)。保罗提醒信徒,撒但会装作光明的天使来试诱我们(林后十一 14)。

"试炼"又可译作"试探"。新译本中,本章用了七次,两次译作"试炼",五次译作"试探"。和合本则只有此处译为"试炼",其余六次都译为"试探"。有人认为从上帝来的是"试炼",从魔鬼来的称为"试探"。这种说法,也许是根据下述两处经文:主耶稣受浸之后,"圣灵引他到旷野,四十天受魔鬼的试探"(路四 1)。而在创世记廿二章一节,则说"上帝试验亚伯拉罕",七十士译本用了同一个字,中文则有不同的译词。

其实"试炼"或"试探",原文都是 peirasmois,指任何的测试,本身不含任何道德指向。魔鬼可以是测试者,例如对主耶稣;上帝可以是测试者,例如他对亚伯拉罕。我们亦可以自己测试自己(林后十三 5,试验自己是否有信心)。主耶稣曾经测试腓力(约六 6)。保罗的宣教队到了每西亚边界,不知何去何从,他们就"测试"可否去庇推尼(徒十六 7,"想要去庇推尼"的"想"字,原文与"试探"一字相同)。因此,原文既是同一个字,我们就没有必要分别出"试炼"是由上帝而来,"试探"是由魔鬼而来。在下文,雅各说出人受试探,是被自己的私欲所勾引诱惑的(一 14)。

这里测试的对象是人的"信心"。信心虽然是抽象的东西,却是可以提炼出它的纯度,如同黄金经过提炼,得到高纯度的精金一样(参彼前一 6、7)。在这个观念上,雅各和彼得意见一致,说话的语气几乎雷

---

① Mayor,32.

同（比较雅一2和彼前一6）。

　　雅各在这里提及流亡外地的犹太人基督徒会遭受各种试炼。很可能这些犹太人因为信了主，做了基督徒，遭受同乡同族人的逼迫和杀害（参约九22、34，十二10），为了逃避危险而侨居外地。不过住在异邦人中，又遭受不明白基督信仰的外邦人所攻击、毁谤（参彼前二12，三16，四1、14～16等）。雅各书提及的逼迫患难，在以下的经文中将会反映出来，包括财富一夜之间失去（例如在逃亡之时，丢下的房屋、财物、生意、田产等等，见一章九至十一节）；亦有人白手起家，一朝暴富，追求世俗享乐，忘记了上帝（四1～4）。

　　"都要看为喜乐"　"看为"比和合本译作"以为"更好。"以为"含有不大肯定的意思。"看为"是本句的主动词，原意是"领导"、"去思想"、"去考虑"、"去认定"的意思。在使徒行传廿六章二节，保罗认定能够在亚基帕王面前为自己辩护，"实在是万幸"，"实在是"原文与"看为"就是同一个字。哥林多后书九章五节，保罗的"认为"，就表示经过深思熟虑而作出的决定。换而言之，雅各认为信徒应当以喜乐作为我们的主导思想。苦难或危机，有它另外的作用："万事都一同效力"（罗八28）。雅各勉励信徒，要看试炼是机会。在下文十二节，他说，经过试验合格的人，是有福的！"看为"这个动词，本来应该用现在式时态，但是雅各却用了直述已往时态（aorist indicative）。这个时态是表示一个单一的动作，而不是持久的动作。不过，雅各是指已往发生过的每一件事情而言。有时这种时态也表达急切性和训令的语气。[2]

　　"喜乐"　和合本作"大喜乐"。在原文这字是紧接上句"问安"一字的，问安这字就是高兴快乐的意思。新译本没有把原文"极大"（pasan）这个字译出来。虽然试炼是各种各样的、百般的；喜乐却是十足的、极大的。[3]

　　一3　"因为知道你们的信心经过考验，就产生忍耐"　"因为知道"这句话，指出落在试炼中，当看为大喜乐的原因。上句的"看为"是经过深思熟虑而作出断定，本句则提供思考的内容，作为推断的根据。

―――――――――――――

[2] "The aorist is used as the authoritative imperative." Mayor, 33. 参阅提后一8、14；二3、15等。
[3] 希腊文 pasan，表示最高级程度或极高质量。见 Bullinger，825.

"因为知道"这句,在三章一节亦用过,不过在那里的原文是 eidotes(由 oida 一字演变);在这里则用 ginōskontes(由 ginōskō 演变)。赖富特 (Lightfoot)主教指出:oida 是由事实真相而得的绝对知识(知道); ginōskō 是把相关事物作出比较,由经验而得的知识(认知)。④ 范恩 (Vine)的字典也认为 oida 是概念上知道、明白;ginōskō 是知道并且经 历。⑤ 不过梅雅却质疑,在一般希腊用语中,作者是否刻意如此选用不 同的字词。⑥ 不过,我们若要领会雅各在这里用 ginōskō 这字,含有由 经历而知道的意思,那么,雅各则是在向患难中的信徒挑战,叫他们用 信心去经历上帝的同在。

"你们的信心" 这句话提出受试炼的对象——信心。"信心" (pistis)是指基督信仰、信念、信仰内容。这种信仰内容主要是人与看 不见的上帝两者的关系。⑦ 例如创世记三十九章的约瑟,受到女主人 色欲的引诱,女主人以为约瑟不肯和她亲热,是怕别人看见,于是便处 心积虑,巧妙安排,把所有佣人都调离房子,只留下约瑟一人,一心以为 约瑟可以放心地和她亲热了。谁知约瑟却说:"我怎可以做这极恶的 事,得罪上帝呢?"(创三十九9)这句话就表明,约瑟对看不见的上帝心 存敬畏。他真的相信上帝是无所不在、无所不知的。当时虽然四顾无 人,但是约瑟所相信的上帝是在那里的。他的信仰是经得起考验的。 还有,但以理的三个同伴虽然落在火窑之中,但他们的"信仰内容"并不 是"成功神学"那一类,只是信一位在水深火热中能够抢救他们的上帝; 他们也相信上帝有他自己的主权和美意,决定是否要伸手拯救他们。 无论上帝要拯救抑或不拯救,上帝的大能、上帝的慈爱、上帝的威荣,仍 然丝毫无损、丝毫不减!

"经过考验" 原文没有"经过"这词,参下文十二节。"考验"这字, 原文句子附有冠词 to dokimion,指测试的行动(the act of trying)。 彼得前书一章七节的第一句和这里意思一样。考验乃是一种过程,"你

---

④ Lightfoot,171.

⑤ Vine,297 – 299.

⑥ Mayor,33.

⑦ Vine,71.

们的信心经过考验",原文意思是"你们那个已被检验(测试过)、得到证实的信心"。

"就产生忍耐" "产生"是个复合动词:kata + ergazomai,是"工作"这个动词的加强形式。基督徒的信心(信仰)经过考验,证实合格,就制造出忍耐——有耐久性、持之以恒的信心。不是信心产下儿子,名叫忍耐;乃是信心的杂质被提炼出去,变成更坚贞的信心。所以,这句话可译为"就制造出坚忍(的信心)"。

一4 "但忍耐要坚持到底,使你们可以完全,毫无缺欠" 接着上句"忍耐"一字,第四节又重复用"忍耐"这个字,这是雅各惯用的笔法。在修辞学上称为"再用相同词"(anadiplosis),用来加强这字的语气和重要性。[8] 若将这句重新排列,可以看出再用相同词的效果:

因为知道你们的信心经过考验,就产生

忍耐。但
忍耐要有

完全的功效,使你们可以
完全,毫无缺欠。[9]

换而言之,信心经过试验,就产生有忍耐的信心,当信心不断经过炼净之后,就产生完全、毫无瑕疵的信心。

新译本"使你们可以完全",遗漏了"完备"一个词。和合本作"使你们成全、完备"。"完全"是指成熟,这个字几乎与"属灵的"和"有见识的"有相同意义。希伯来书二章十节说,基督自己也因苦难而得以"完全"。"完备"是形容祭牲完全没有瑕疵,是健康的、完整的。使徒行传三章十六节用这字形容瘸子得到医治,说他"健壮"了。信心受试炼,必须忍耐到底,坚持到底,才不致功亏一篑。亚伯拉罕信上帝会赐他后裔,上帝因此称他为义(创十五6)。但事隔多年,夫妇二人依然膝下无子。亚伯拉罕经不起妻子撒莱的催促,便与撒莱的婢女夏甲同房,生下以实玛利,带来日后家庭、种族仇恨的祸端。亚伯拉罕在信心考验中失

---

[8] Bullinger,251.

[9] "坚持到底"这句话,新译本附注指示原文作"完全的功效"。"功效"这词,原文是"工作",和上句"产生"是同一个字根。

败了一仗。扫罗要等待七天,直到撒母耳来献祭,才可以与非利士人开
战。但是他到了限期最后一天、最后一个时辰,自己"勉强献祭",他的
信心没有坚持到底,功亏一篑(见撒上十三 11～12)。故此,忍耐是积
极作工,而不是消极容忍;忍耐是继续不停地发出能力,直至达到目的
为止。

"毫无缺欠" 这句是补充和解释上句"成全、完备"(和合本)。具
有忍耐信心的人,就是一个没有什么缺欠的人了。

在以上三节经文中,雅各指出基督徒的信心要经历考验。考验的
方法、途径,乃是"试炼"。人的信心若经得起考验,证实他有忍耐的信
心,就是个成熟、健康的基督徒。因此,信心考验乃是每一个基督徒必
须经历的,为要叫他作个成熟的基督徒。

(II) 信心考验与智慧(一 5～8)

5 你们中间若有人缺少智慧,就当向那厚赐众人,而且不斥责人的上
帝祈求,他就必得着。

6 可是,他应该凭着信心祈求,不要有疑惑;因为疑惑的人,就像被风
吹荡翻腾的海浪。

7 那样的人,不要想从主得到什么;

8 因为三心两意的人,在他的一切道路上,都摇摆不定。

上文说到每一个基督徒的信心都必须经历考验。参加考试的人,
绝对不能空枪上阵的。若要在考场上胜利成功,就要好好作准备,下工
夫。雅各于是接下来说,基督徒若要在信心试炼上能够经得起考验、能
够合格,必须具备的条件,就是从上帝而来的智慧。

一 5 "你们中间若有人缺少智慧" 原文在本句的开始有 ei de
两字:"如果","不过"。这两字是紧接上句最后的话"毫无缺欠"而说
的。意思是说:一个具有忍耐信心的人,就是个成熟、健康的信徒,是个
毫无缺欠的人。不过,他若在信心考验上失败,就表示他有缺欠,而所
缺欠的东西,就是从上帝而来的智慧。所以,雅各就说了这样的一句
话:"不过,如果你们当中有任何人是缺欠了智慧……"雅各认定信心的

试炼既是一个长时间的过程,因此在达到"成全、完备"以先,我们必然处于"缺欠"的状态。我们所缺欠的不是信心,否则雅各会说:"你们若缺少信心";我们不是缺欠忍耐,否则他会说:"你们若缺少忍耐"。雅各说我们是"缺欠智慧"。我们怎样看试炼呢? 怎样从试炼中得到益处呢? 怎样能够在患难中看出是上帝变相的祝福呢? 这就需要从上帝而来的智慧了。上文提到"完全";这里提到"智慧"。原来"智慧"和"完全"这两个词常常连在一起,甚至几乎成为同义词了。在哥林多前书二章六节,保罗说:"然而在信心成熟的人中间,我们也讲智慧。"在歌罗西书一章廿八节又说:"我们传扬他,是用各样的智慧,劝戒各人,教导各人,为了要使各人在基督里得到完全。"而雅各在这里,则把完全的观念,连上智慧和信心试炼的关系。雅各在下面三章十三节至十八节,将会详细论述什么是"智慧"。

根据巴克莱在《新约原文字解》中所说:

Sophia 一般译作"智慧"。但这里所述的智慧,是终极事物的智慧。在希腊作品里,有关 sophia 的解说很多。最通常的一个,说 sophia 是"有关人神及其原因的知识"(Clement of Alexandria, Stromateis, 1.30.1)。

亚里士多德给 sophia 的定义为"不仅是结论,也是第一因最完善的知识"。他说,sophia 是"最崇高论题完善无缺的知识"(Nicomachean Ethics,1141a 20)。

奥古斯丁认为,sophia 是"属于永恒事物的知识"(De Div. Quaest., 2.2)。西塞罗将 sophia 译为 sapientia,称之为"有关人神之事的知识"(Tusculan Disputations,4.26),并说这是"一切德行之首"(De Officiis,1.43)。所以 sophia 是终极的知识,也正是关于上帝的知识。Sophia 可说是到了人类头脑所能达到的最远之处。⑩

从巴克莱的分析之中,我们可以得出一个结论,就是说在信心受到试炼之时,需要有智慧地去认知、去经历其中的意义,持定对这位看不

---

⑩ 巴克莱,167。

见的上帝的信心。约瑟因为敬畏上帝,而敬畏耶和华乃是智慧的开端(箴一7),故此他有智慧分辨当时环境的危险,金蝉脱壳,逃离女主人的色诱。后来虽然被女主人诬告,含冤下狱,却仍持守信心,经历考验而合格(详见创世记三十九章。请参阅箴言第二章,看智慧如何使人胜过淫妇的诱惑)。

"就当向那厚赐众人,而且不斥责人的上帝祈求,他就必得" "就当……祈求"在原文的字词位置和用法,属于条件句子的结论句。"假如你缺少智慧,就当祈求"。人要自觉亏欠缺乏,而且明白自己无能无助,又认知上帝是乐意施恩的,才会谦卑来到上帝面前,祈求帮助。所罗门王知道要管理这个版图广阔、人民众多的国家,要能够做到公正判断是非,决不是他那个有限的头脑所能应付的。故此,所罗门不求财、不求寿,只求智慧,为要好好地管治上帝给他的疆土国民,因而获得上帝的嘉许(参王上三4~15)。

"厚赐众人……的上帝" 这句话形容上帝是"慷慨的施与者"。耶稣说:"你们祈求,就给你们;寻找,就寻见;叩门,就给你们开门"(太七7)。上帝"使太阳照恶人,也照好人;降雨给义人,也给不义的人"(太五45)。上帝并不吝惜,他赐恩是没有附带条件的。

"不斥责人的上帝" 信徒落在试炼之中,信心往往会软弱,甚至怀疑上帝。又或以为自己犯罪跌倒,不敢见主,如同亚当夏娃犯罪之后,逃避上帝的面(创三9~10)。雅各勉励在试炼中的信徒,不要逃避上帝,上帝是慈爱的,不斥责人的,只要我们谦卑到他跟前求,他必定赏赐我们。

上述两句话,中文的译词未能充分反映原文的意思。原文叙述我们祈求的对象是"施予的上帝"(the giving God, or God the giver),强调上帝是乐意施恩者。他不是从我们身上去收取、掠夺,而是把好东西赏赐给人的上帝(参太七11)。"厚赐"和"不斥责"两个词,是描述上帝在施予的时候存有的态度。"厚赐"表示无条件、毫无保留,"不斥责"表示上帝是容易接近的,同情体恤人的软弱。故此,原句重译是这样的:"他就当向赏赐众人的上帝祈求。他给得慷慨,给的时候也不责备"。有些时候,父母给小孩子东西,是一面给、一面骂、一面教训。上帝不会这样。当我们向上帝求取智慧的时候,他是非常乐意给予我们,他也不会斥责我们。

"他就必得着" 按中文的句子,似乎是说:"祈求……得着"两者的关系,把重点放在人得到方面。但是原文并不强调人的"得着",而是强调上帝的"给予"。和合本就把这个精髓译出来了:"主就必赐给他"。原文直译是:"他必蒙赏赐"。意思是说:上帝就把智慧赐给祈求的人。

一6 "可是,他应该凭着信心祈求,不要有疑惑;因为疑惑的人,就像被风吹荡翻腾的海浪" "可是",和合本译作"只要"。原文是 de,是个连接词,可以是提出相反意见,也可以是接续上文的思路。按照句子文意的发展,应该是接续上文,补充"祈求"时当注意的地方。写到这里,雅各独特的文笔体裁又再出现,就是重复采用上句的词语(参上文一章四节的注释)。重现的词句是"祈求":"祈求……祈求"。第五节是论到祈求的对象——施予的上帝;第六节是祈求的态度——用信心求。没有信心的人,即使在祈祷之时,仍然暗中盘算着怎样能够不必靠上帝的帮助,还能达到目的。

"不要有疑惑" 这句是现在分词,形容祈求的态度,并且补充说明"凭着信心"的意思。"疑惑"原意是"分离"(to separate,sever),有"难作取舍、举棋不定"的意思。使徒行传十一章二节和犹大书九节,原文都译作"争论";犹大书廿二节另译作"疑惑"。在新约圣经的用词当中,常常解作"内部纠纷",而路加福音十一章十八节则用这字形容撒但一族的内讧。因此,疑惑就是个人的内心矛盾和挣扎,与坚定的信心相反。信心和疑惑是相对的(参太廿一 21,"如果你们有信心,不怀疑";又见可十一 23;罗四 20)。

"因为疑惑的人,就像被风吹荡翻腾的海浪" 在古代近东生活的人,他们看海浪是代表"不安"(参赛五十七 20)。与此相反的,就是那些抓住上帝的应许和有盼望的人,"就像灵魂的锚,又稳当又坚固,通过幔子直进到〔至圣所〕里面"(来六 19,"至圣所"三字乃笔者按上下文意思加上去的)。有信心的人,就像船进入避风港,下了锚,十分平静安稳。

"被风吹荡"和"翻腾"两个现在分词,形容海浪动荡不定的情况,而海浪大作是由于狂风吹荡。"翻腾"这字就是"吹"的意思,大风吹而形成海浪。在试炼之时,我们的内心就起了狂风,着急焦灼、摇摆不定,像在大海狂风下的一叶小舟,危险万分。

一7　"那样的人,不要想从主得到什么""那样的人",原文"人"字之前有个冠词,后面又用了个指示代名词:ho anthrōpos ekeinos,强调上文所指那个疑惑的人。"不要想",是现在命令语态,"不"字则用mē。这种结构:mē加上现在命令语态,表示使一个进行中的动作马上停下来。Mē oiesthō:不要再有这种想法了! 这个人本来想要得到主答允他的祈求,但是雅各说:这样的人不要再妄想了! 停止那不切实际的幻想吧! 这句话对信徒真是当头棒喝。我们可以想象这个信徒,一面向上帝祈求要得智慧,一面又疑惑,却想象上帝很快会答应他的祈求。雅各说,上帝不会给的。虽然上帝是慷慨的赏赐者,但是他只给有信心的人。

"主"　按上文第五节推断,这个"主"(kyrios:the Lord)是指父上帝,而不是主耶稣。父上帝是赏赐者。新约圣经教导我们,祈求的对象是父上帝。主耶稣自己也是向天父祷告:"父啊,天地的主,我赞美你!……父啊,是的,这就是你的美意"(路十21)。主耶稣教导门徒要向天父祷告:"我们在天上的父……"(太六9)。保罗在书信中的祷告文,都是向天父而发的:"求我们主耶稣基督的上帝,荣耀的父……"(弗一17)。"因此,我在父面前屈膝……求他……"(弗三14)。雅各在本书一章一节称耶稣基督为"主";在这里他亦称父上帝为"主"。⑪

一8　"因为三心两意的人,在他的一切道路上,都摇摆不定""三心两意的人",原文没有"因为"这字。这句不是解释上文,所以没有必要加上"因为"两字。第八节一开始就是"三心两意的人"(anēr dipsychos),与第七节"那样的人"互相呼应。第七节的"那样的人",就是第八节的"三心两意的人"。第七节的"人"字用anthrōpos,第八节用anēr。通常来说,anthrōpos指人类,男女皆可。anēr只用在男性方面,但有时亦可以作一般用途,泛指一切人类,或以男人代表所有人类。例如圣经中常用的"弟兄们",是包括姊妹们在内的。雅各在本书中较多用anēr,表示一般的人。

"三心两意"　原文是"双重人格"(double-souled),形容人有两个

---

⑪ 参看 Brown 2:513-514, God as the Kyrios.

意念，永远无法定下结论。我们一方面求告上帝，另一方面又为自己筹算，自作主张。旧约先知巴兰明明知道上帝不喜悦他所做的事，却又要去求问上帝，在心里就是有两种意念在争持不下（参民廿二 18～19）。结果上帝要藉着一头驴子去教训他（民廿二 21～35）。扫罗王在战事危急之中，挣扎是否要等待撒母耳来到献祭之后才出兵打仗，一时不知如何才好，当然，结果是他信心不够，缺少忍耐，妄自献祭了（撒上十三8；比较十 8）。当然亦有人顽固，只靠自己的办法，如同亚哈斯王一样。他不信靠上帝，专靠亚述王，结果也是一败涂地（赛七 10～12；王下十六章）。

"在他的一切道路上" 这句是按照原文直译的：en pasais tais hodois autou。这种句子的结构，在雅各书有好几处是这样的。例如下文十一节："在他的奔波经营中"（en tais poreiais autou）。"在他的一切道路上"这句话的意思是："正当他这样做的时候"。"道路"（hodois）这个字用作借喻，指行事为人的规矩方法、思想路线、是非对错的辨别等等。

"摇摆不定" 这个字在下面三章十六节译作"扰乱"。和合本译作"没有定见"。换而言之，他没有立场，没有主见，任人摆布。结果，在信心受到考验之时，便彻底失败了。你可以想象，若果约瑟在女主人引诱之时，任由女主人摆布，结局会是何等可怕！雅各在这里提醒信徒，落在试炼中的时候，要祷告祈求上帝赐下智慧去应付当时的环境。要明白圣经所教导的行事为人准则，用坚定的信心，持守对上帝的信仰，就会有忍耐的信心，成为完全人。多疑多虑，拿不定主意，结果就会在信心生活上失败。

雅各在讨论了"为什么要考验信心"和"信心考验与智慧"之后，现在他要提出七个受考验的领域。

叁 信心考验之一:贫与富 (一9～18)

雅各在上文导言之中,概括论及信徒免不了要面对信心的挑战和试炼,并且指示面对试炼的方法。从一章九节开始至第五章,他论到七种不同的考试范围(参阅本书大纲)。第一张考卷是关乎"价值观"的。

(Ⅰ) 生命与财富孰重? (一9～11)

9 卑微的弟兄应当以高升为荣;

10 富足的也不应该以降卑为辱;因为他如同草上的花,必要过去。

11 太阳一出,热风一吹,草必枯干,花必凋谢,它的美容就消失了;富足的人也必在他的奔波经营中这样衰落。

贫与富是本书详加讨论的课题之一。① 例如第一章提及要照顾患难中的孤儿寡妇(一9～11、27)。第二章提出不要歧视穷人,讨好富人(二1～13);要把衣服食物供给有需要的人(二15～16)。第四章责备贪得无厌的人和好宴乐的人(四3);责备只顾赚钱,不理生命素质的人(四13～17);责备埋没良心的地主,并指出上帝会为穷人伸冤(五1～6)。

一9～10a "卑微的弟兄应当以高升为荣;富足的也不应该以降卑为辱" 圣经学者对于这段经文(一9～11)的解释观点有不同的意见。主要分为三方面:

(一) 迪布理(Dibelius)②认为,这段经文是独立的,与上文无关。采用这种观点的学者忽略了本句开始时所用的连接词 de。虽然迪布理说,如果一定要说 de 字有特别用途的话,那就是把第九节连接第二

---

① "贫与富"这个主题,在雅各书中十分突出。专书探讨这个主题的有 Maynard-Reid, *Poverty and Wealth in James* (MaryKnoll, New York: Orbis, 1987).

② Dibelius, 83–84;参阅 EGT, 424.

至第四节,说明卑微的弟兄就是那个"遭遇各种试炼"的弟兄。③ 不过迪布理却认为雅各在此并无意与上文相连。

(二)罗布士(Ropes)、易斯顿(Easton)及罗拔臣(Robertson)④认为,九至十一节与上文五至八节没有关系,只是跟二至四节有关。De这个连接词是把二至四节论到受试炼的情形,接上第九节的"卑微的弟兄"。不过罗布士却又指出,第九节的"卑微的弟兄"并不是受试炼,因为他是"高升"了的!

(三)何特(Hort)⑤认为,九至十一节与二至八节有关连。何特就认为雅各在九至十一节是提出贫与富的生活情况有转变,带来生命上的冲击,这就是生活上的试炼了(见第二节)。何特把九至十一节的贫富情况,与第八节"摇摆不定"来作例证。何特说:"贫穷、富有及由贫入富、由富转贫,乃是人'在他的一切道路上'都会遭遇到的,三心两意的人就会摇摆不定。"⑥

笔者认为,上述第(二)点和第(三)点的看法基本上是相同的。两者都认为应当把 de 看作连接上文用。第二至四节是论到生活上的试炼;第五至八节论到在受试炼之时就当祈求:(一)祈求的对象:慷慨施赠的上帝;(二)祈求的内容:判断和应付试炼的智慧;(三)祈求的态度:有信心、不疑惑。故此,在九至十一节,雅各提出第一种信心的考验,就是人如何看待财富与生命。笔者亦同意罗布士的见解,不应该把第二节的"遭遇试炼的弟兄"与第九节"卑微的弟兄"看作同一个人,因为第九节的卑微的弟兄是由贫穷转为富有,是"高升",不是"降卑"。而第二至四节的"试炼",从文意看来,含有患难困苦的意思。故此笔者认为,当把第二至四节的"试炼"与第十节"富足的降卑"联起来才对,而且雅各用了许多话去安慰这个降卑的富有弟兄(十节下及十一节),又在第十二节继续勉励落在试炼中的弟兄姊妹。

至于"卑微"和"富足"是按字面解释抑或按灵意看待?圣经学者亦

③ 上引书,70.
④ Ropes,144;Easton,24;Robertson,15.
⑤ Hort,14.
⑥ 同上。

意见不一。"卑微"(tapeinos)这字,在路加福音一章五十二节是"有权柄"与"无权柄"相对。其他一般经文的用意都解作"谦卑"(参太十一29)。此外,保罗向哥林多教会说:"我因为白白传上帝的福音给你们,就自居卑微,叫你们高升,这算是我犯罪吗? 我亏负了别的教会,向他们取了工价来给你们效力。我在你们那里缺乏的时候,并没有累着你们一个人……"(林后十一 7~9,和合本),这里明显是把"卑微"解作"贫穷","高升"解作"富足"。因为保罗是从其他教会得到生活上的供给,不费哥林多信徒一分一毫,不会拖累他们。

卢斯(Ross)在解释雅各书一章九节时,把"卑微"解作字面意义,指社会地位上的低微、贫穷;却把"高升"解作灵意上的含意;这个贫穷的人"接受了救恩信仰,灵性地位便高升。他的'高升'包括现在和将来的尊荣,在信心上富足,并且承受上帝的国(二 5)"。⑦ 可是在处理第十节时,卢斯却把"富足"和"降卑"同时作字面解释,指富有的人变为贫穷。⑧ 这种前后不一致的看法,在释经学方法论上是错误的,不能被接纳。因为第九节和第十节开首句所用的 de ... de,明显把两节的论述情况作出比较。假若把"高升"看作"得着救恩",那么"降卑"或"卑微"便必须解作"失去救恩"或"不得救"。这样一来,第九和第十节就会是:"不得救的弟兄应当以得着救恩为荣;得救的也不应该以失去救恩为辱",这不是很荒谬吗? 而梅雅则辩称:"富足的弟兄既然是基督徒,也当学习谦卑",⑨这样说也十分牵强。因此,笔者认为这两节经文的"卑微",应指贫穷,"富足"是指富有。第九节是贫穷变富有,第十节是富有转为贫穷。⑩

此外,有解经家认为,"卑微的弟兄"是指信徒,"富足的"原文没有"弟兄"二字,应该是指非信徒。⑪ 这观点是忽略了 de ... de 的比较,

---

⑦ Ross, 30‐31. 参 EBC, 170.

⑧ 同上。

⑨ Mayor, 355.

⑩ 持此意见的有 Oesterley, 424.

⑪ Alford, Huther, Stulac 都持这种观点。G. M. Stulac, "Who Are 'the Rich' in James?" *Presbyterion* 16(1990),89‐102 认为根据语言学、历史、文学等方面推测,雅各书中的 plousios(富有),是指非信徒而言。但是笔者却认为每一个字的含意,必须根据直接上下文来决定,不应以偏盖全。

而且在圣经修辞学上的"略去法"，虽然没有"弟兄"二字，但从语气和文法结构上看，是指"富足的弟兄"，这是可以理解的。再者，上文第二节，雅各向"我的弟兄们"勉励在受试炼中要喜乐；在第十节雅各便是安慰这个变为贫穷的"富足弟兄"。还有，若硬把穷与富作两极化，视为信徒与非信徒相对立，不但不合符经文的文法结构，也是与事实不符的。

　　总括而言，第九、第十两节经文的比较，是论到贫穷的信徒，或靠劳力赚取金钱，经营生意，勤俭积蓄，变得富有起来。另一个富有的信徒，或因天灾，或因人祸，例如农产失收、水灾火灾、贼劫抢掠等等，而损失财物生意，变为一个穷光蛋。人生际遇往往变化无常，谁也不能为明天夸口。

　　"应当以高升为荣"　"荣"这个字原文是 kauchasthō，解作"引以为荣"、"夸口"、"欢乐"。按照上文下理，并参照第二节所说在试炼中要大喜乐，所以译作"欢乐"较为合理，并且与前文互相呼应。和合本译作"喜乐"，值得保留这译词。再参照罗马书五章二、三、十一节；腓立比书一章廿六节等等，和合本一概译作"欢欢喜喜"、"以……为乐"、"欢乐"；而新译本则一概译作"为荣"。而在第十节"以降卑为辱"的译法，显然是想把"荣"与"辱"作出对比，不过原文在第十节是没有"以……为辱"的词。第九节的 kauchasthō 是给九节和十节共享的。和合本的"也该如此"四字，就是掌握了这个意义，不过应该在这四个字旁边加上小点，表示原文并无这字，乃是按文意而加上的。雅各勉励信徒，不论由贫转富、由富变贫，都应当欢乐。由贫转富当然欢喜，不必说了；由富变贫，也当欢喜面对现实。约伯在家财、子女尽失之时，仍然说："赏赐的是耶和华，收回的也是耶和华；耶和华的名是应当称颂的"(伯一 21)。还有，kauchasthō 这个字亦含有"夸口"的意思，故此，若解作欢乐，则这种欢乐是由心底发出的胜利者的欢乐，而不是苦于无奈的强颜欢笑。⑫

　　一 10b~11a　"因为他如同草上的花，必要过去。太阳一出，热风一吹，草必枯干，花必凋谢，它的美容就消失了"　"因为"(hoti)这个连

---

⑫　参阅《中文圣经新旧译本参读选辑》(天道，1977)，70。

接词接下去的句子,雅各用了一个当代人熟悉的比喻,来向那个由富有变为贫穷的弟兄,说明应当欢乐的原因。本段经文是引述旧约以赛亚书四十章六至七节。在新约圣经中,彼得前书一章廿四节也有引用。以赛亚书中的希伯来文是"野地的花";七十士译本用 anthos chortou,是"草上的花",故此雅各书是引自七十士译本。"草上的花",不是指生长在草上的花朵,准确点翻译,应作"草地上的花"或"野地上的花"。住在巴勒斯坦的人十分明白这个比喻。野地上的花生长得漫山遍野,只是扎根不深。在不常下雨的季节,只靠朝露滋润。在太阳猛烈照晒之下,再加上(原文有 syn 字,即"加上"的意思)"热风"一吹,草也好、花也好,都立时枯干凋谢了。这里的花、草,是象征人生短暂,青春很快消逝,人在转眼之间变得衰老,鸡皮鹤发。我们作小孩子的时候,常常希望快点长大,因为成年人往往告诉我们,有些事是"大人"才可以做。到了长大成人,当发现头上第一根白头发之时,便惊觉年华消逝,青春不再矣!

"热风" "热风"是有冠词的,表明是当地从沙漠旷野吹来的东南风。先知何西阿曾用东风形容上帝审判的凌厉可怕(何十三 15;耶十八 17;拿四 8)。1993 年 10 月,美国加州南部因长期天旱,山林发生大火,许多好莱坞明星的豪华巨宅,价值数百万美元,转眼之间成为灰烬,正好成为本段经文的脚注。当时的电视新闻报道中,有记者采访一些屋主,问及他们的感受时,有些人哭诉失去一些有价值的纪念品,或是损失多少金钱等等。但有一家被访者,气定神闲地说,他们虽然损失不菲,却庆幸在发生大火之时,一家人逃了出来,不致遭受生命危险,这是不幸中的大幸。我们怎样面对由富转贫或损失财物的打击呢? 这是价值观的考验!

一 11b　"富足的人也必在他的奔波经营中这样衰落" "衰落"这个词,背后的意义可能是形容这个富有的人,好景不再,称之为"家道中落",不过这词有值得商榷的地方。我们要注意这里的花草比喻,不是指金钱财物不可靠,财富产业会消失;而是指人生命短暂,虽然拥有千万家财,亦不能久享。这里是指"人",不是指"财物"。注意第十节"因为他如同草上的花",是这个"人"。第十一节"富足的人也……〔如同花草〕这样衰落"(括号内的字乃笔者所加,下同)。他是"在奔波经营中",

营营役役中，不知不觉便衰老了！故此，"衰落"应译作"衰老"，对照上句"〔花〕的美容就消失了"。花如何失去昔日鲜艳的美颜，人也如何衰老，失去昔日的青春活力、生命光采。

　　"在他的奔波经营中"　原文直译是"在他正在踏上旅途的时候"。句子结构的特色，请参阅上文第八节注释。"奔波经营"原文是"旅途"。而整个句子是强调这个富人东奔西跑，努力经营，期待有一天能安享劳碌所得，结果却等不到那一天，人已老了，甚至死了！⑬ 这是何等惊心的警告啊！耶稣说过一个无知财主的比喻，积蓄财富却无福消受（路十二 16～21）。传道者也警戒世人注重生命的质素过于财富（传二 18～26，六 1～12 等等）。雅各在下面四章十三、十四节再用另一个故事，说明生命比财富重要。雅各勉励由富有变为贫穷的信徒，不必为失去的财富难过可惜；反而要珍惜今日的生命、享受生命，以上帝为乐。能够在这种试炼中得胜、成长，就能做个完全人（一 4）。

　　贫与富的价值观、人生观，就成为信心考验的第一个功课，第一张试卷。我们是看重生命呢？还是看重身外之物？现在雅各转入第一张考卷的第二部分，就是：我们是否被个人欲望所支配？

(II) 满足个人欲望？（一 12～15）

12　能忍受试炼的人，是有福的；因为他经过考验之后，必得着生命的冠冕，这冠冕是主应许给爱他的人的。

13　人被试探，不可说"我被上帝试探"；因为上帝不能被恶试探，他也不试探任何人。

14　每一个人受试探，都是被自己的私欲所勾引诱惑的。

15　私欲怀了胎，就生出罪；罪长成了，就产生死亡。

　　一 12　"能忍受试炼的人，是有福的"　第十二节开首第一个字，在原文是"有福了！"（makarios）。主耶稣在山上宝训中，用了九次"有福了！"的句子（太五 3～11），都是放在句首的第一个字。这种句子的

---

⑬ poreiais 意思是"旅途"。整句的意思是强调这个富人生命走向终结之途。

结构,是旧约圣经中常用的(参诗一 1;篇八 34;伯五 17;传十四 1)。雅
各不是说落在试炼中的人有福了;而是说经过考验而合格的人,才是有
福的。"忍受"这字与上文三、四节的"忍耐",在原文是同一字根。三、
四节是名词;第十二节是动词,含有坚定停留在某一种情况的意思。这
种坚忍,是因为对上帝有信心,灵性状况良好。换句话说,人不能忍耐,
原因是对上帝没有信心。许多时候,我们只能信靠、接受一位拯救的上
帝,能够马上替我们解决问题的上帝;而不能够安静、顺服在完全掌握
生命主权的上帝面前,愿他的旨意成就。但以理的三个好友,他们对上
帝的信心,坚忍到一个地步,即使上帝在当时不拯救他们脱离险境,仍
然持守对上帝的信靠(参但三 16~18),他们坚忍的信心,堪作我们的
模范。试炼来临,就要坚忍,保持在这种状态之中。若信心摇动(六至
八节),甚至开口犯罪、埋怨上帝(参伯一 22),就不能算是"忍受试炼"。
故此,"能忍受试炼的人",是指试炼来临,仍然坚持原有向上帝的那种
信念,不退后、不摇动,这人就有福了! 雅各不是说我们要找苦去吃,或
认为受熬炼是很有趣的事。雅各是说苦难有它的目的,正如诗人说:
"我受苦是对我有益的,为要使我学习你的律例"(诗一一九 71)。

"因为他经过考验之后" "因为"(hoti)这个连接词,提供"有福"
的原因。"经过考验之后":"考验"(dokimos)这个字,是考验合格的意
思,与上文第三节所用的字是不同的(见上文第三节注释)。"经过"
(genomenos)是过去分词,是存在、完成、有效、有名有实的意思。故
此,"经过考验之后",乃是说这个人在受试炼的时候,能坚定持守向上
帝的信心,证明他的信心是存在的,实至名归的。

"必得着生命的冠冕" "生命"这词是所属格。这种文法结构组
合,可以有以下不同方法处理:

(一)有生命的冠冕。意思是这项冠冕是活的、有生命的。所以
"生命"这词便用作"质素所属格"(genitive of quality),[14]与花草枯干
相对。

(二)这项冠冕能够将生命赐给人。如果戴上了它,人就变得生龙

---

[14] Laws,68.

活虎,起死回生。这个解释或有可能:这个经历试炼的人,虽然被熬炼到奄奄一息,一旦试炼完毕,上帝保护他不受生命之害,就如同约伯一样,恢复体力,重获新生。

（三）"生命"和"冠冕"两词是可交替的、平行的,或是强调的。上帝赐给这人一项冠冕,这冠冕就是生命。⑮

新约圣经用过好几次"冠冕"与所属格名词的组合句子,例如:"公义的冠冕"（提后四 8）;"荣耀的冠冕"（彼前五 4）;"生命的冠冕"（启二10）。然而,大多数是把"冠冕"这词比喻作奖赏（例如:腓四 1;帖前二19;提后二 5;来二 7、9 等等）。按照新约圣经的用法,这个所属格应用作平行的、可交替的。因此,"生命的冠冕"意思就是上帝把生命作为赏赐。"公义的冠冕"意思就是上帝把公义作为赏赐。"荣耀的冠冕"意思就是上帝把荣耀作为赏赐。

"冠冕"是指在比赛中胜利者得到的冠冕,是一种奖赏。这里雅各用"生命的冠冕"来形容上帝给在试炼中得胜者的奖赏,这奖赏就是永远的生命。

"这冠冕是主应许给爱他的人的" 据可靠的原文抄本,这句是没有"主"或"上帝"这字的。在新约圣经中并没有记载有关主耶稣在这方面的应许。雅各说"主应许",可能是门徒传诵的话,是主耶稣说过,不过并没有收录在已知的文字著作之中。例如保罗在米利都对以弗所来的长老作临别分享时,勉励他们帮助有需要的人,曾说:"记念主耶稣的话:'施比受更为有福。'"当然雅各在这里所说的"主应许",和保罗所说的施比受更为有福的教训,虽然在圣经中找不到"直接"的引述句子,然而在主耶稣的教训里,却是遍处可寻的。保罗就说过,按着公义审判的主,要赐"公义的冠冕"给他。这项奖赏不是唯一的,因为上帝也奖赏给凡爱慕他显现的人（提后四 8）。

一 13 "人被试探,不可说'我被上帝试探';因为上帝不能被恶试探,他也不试探任何人" "人被试探"原文是 peirasmon,是现在被动

---

⑮ Ropes, 152. "The blessed life of eternity constitutes the crown." 比较启二 10。又参看 Laws, 68; Hiebert, 98-99. Life, i.ē, the crown, 见 A. T. Robertson, *Word Pictures*, 6：17; Ross, 32（note）; Davids, 34.

分词,当作实词用,解作"受试探的人"。

"不可"　这词放在句首,加强禁止的语气,原意是"没有一个人"(no one):"千万不要有人如此说"。"试探"与第二节、十二节的"试炼",在原文是同一个字。从上文下理去看,这里所提的是另一类的试炼,是情欲罪恶的诱惑;而上文九至十一节是贫富得失的试炼。

"我被上帝试探"　apo Theou,即从上帝而来的试探。原文这个介系词是 apo,不是 hypo。Apo 解作"从"(from),是远处(remote)而来。换句话说,这个 apo 是表示试探不是直接由上帝而来。Hypo 解作"藉着"(by),中文译为"被上帝试探",就会有上帝是试探者的意思。说话的那个人,就是上句那个"受试探的人",不敢说上帝是试探者,因为他不用 hypo 这字;而是说上帝是幕后策划者,因为他用了 apo 这个字。让我们借用亚当和夏娃犯罪堕落为例子,说明 apo 和 hypo 的分别。夏娃把分别善恶树的果子给亚当吃,所以夏娃就是直接的试探者(hypo)。后来亚当把整件事归咎给上帝,他埋怨说:"你所赐给我、和我在一起的那女人,她把树上的果子给我……"(创三 12)。这样,上帝就难辞其咎,因为上帝若不造夏娃,又把夏娃给亚当为妻,就不会有夏娃给亚当果子吃的事发生。没有这件事发生,亚当就不会吃那果子。这是多么合理的逻辑自辩啊!到头来,上帝就成为一切罪恶的根源,是邪恶事件的策划者(apo)。另外一个例子就是约伯记第一章,上帝容许魔鬼试探约伯,这样,上帝就是背后策动者(apo);而魔鬼是直接试探者(hypo)。雅各书这里提到的那个受试探的人,就是指控上帝是幕后策动者。

"因为"　雅各为上帝申辩,提出上述对上帝指控的不当。

"上帝不能被恶试探"　"不能被试探"这句话,在原文是一个字:apeirastos。"恶"原文是 kakōn,是复数的所属格,可以解作恶人,或恶事。"上帝不能被恶试探"这句话,可以有两个解释:

(一)上帝是**不可能被试探的**。意思是:上帝具有不可能被试探的特性。比方说:盐是可以溶于水的;黄金是不可能溶于水的。这表示黄金的性质,黄金这种矿物是不溶于水的。同样道理,上帝的特性是不可能被试探的。采取这观点的有布迪,他说:"上帝是全能的、圣洁的。他能够坚拒任何罪恶的诱惑。"⑯这样，kakōn 则用作环境属格（genitive of sphere）：上帝不可能被恶事所试探。⑰ 不过 kakōn 应该解作"恶人"，而不是"恶事"，因为第十三节下半句的对比，是上帝与人的对比："因为上帝不能被恶〔人〕试探；他也不试探任何人。"（括号内的字乃笔者所加）

（二）上帝是**不能**被试探的。意思是：上帝是轻慢不得的。人切不可试探上帝。笔者认为这种解释十分合理：第一，雅各是因为那个"受试探的人"指控上帝是试探的策划者，所以提出申辩说："你这个恶人，不可以再这样说，因为上帝是不能被恶人试探的；他也不试探人。"这两句话的结构是这样的：

因为　上帝是不能被<u>恶人</u><u>试探</u>；

他也连<u>一个人</u>也没有<u>试探</u>。

故此，kakōn 这个属格复数名词，应用作阳性，指恶人，而不是用作中性，指恶事。

第二，圣经指出上帝憎恶以色列中的恶人，他们常常试探上帝（至少有十次，见民数记十四章廿二节。十次乃是代表许多许多次）。申命记六章十六节警告以色列人不要再试探上帝。

总括上文的解释，第十三节的意思就是说：

受试探的人千万不要再说："我受的试探是从上帝而来的。"

因为上帝是不能被恶人试探（恶人啊！ 不可试探上帝）；

他也连一个人也没有试探。

换而言之，上帝和人之间建立在信任的关系上，上帝与试探完全无关。上帝不试探人；人也不可试探上帝。人不应该试探上帝。上帝叫人"试试"他（玛三 10），应视为一句"讽语"（irony），因为玛拉基书三章十节的上文，是上帝在责备那些不肯十分纳一、缺少信心的百姓而说的。下文第十四节，雅各进而解释试探的来源。

一 14 **"每一个人受试探"** 和合本把 de 这个连接词译了出来："但"。更好的翻译应该是"然而"，用来补充说明试探的来源。既然试

---

⑯ Burdick，172.

⑰ Mayor，53. "God is not to be tempted with regard to evil things."

探不是从上帝而来,到底是从谁而来呢? 雅各说:"然而,每一个人受试探。"新译本的"每一个人",比和合本的"各人"较为清楚和突出这字的重要位置(放在首句);同时也肯定每一个人都会受到试探。主耶稣"也曾在各方面受过试探"(来四 15)。

"都是被自己的私欲所勾引诱惑的" "被"原文是 hypo,直接的试探者(参上文有关 hypo 的解释)乃是"自己的私欲"。这个"自己的"一句所强调的,不是由别人,乃是由自己内心发出的。再者,这个介系词 hypo(藉着)和"私欲"这个字连在一起时,雅各显然是把"私欲"这个抽象名词人格化了。再加上下句"勾引诱惑",就更活灵活现地把"私欲"描写成骚首弄姿、用色相诱人的妓女(参看箴言七 10~23 的描述)。

"私欲" 原文是 epithymia,指心中有所专注、渴望、强烈的欲望。犹太拉比解释说:上帝造人之时,已经把欲念放在人里面。"我为你创造恶欲(evil yetzer),把它放在你里面。不过我也把律法(the Law)当作良药赐给你。只要你时常把律法放在心里,恶欲就不会控制你。然而你若不把律法存在心里,你就会被恶欲所胜,它会尽一切力量把你打倒。"[18]马可斯(Marcus)亦认为雅各提到"智慧"可以胜过私欲(上文一5);同时在下文一章十八节和廿一节,提到上帝的真理,能帮助人制胜恶欲的倾向。[19] 虽然恶欲常与试探有关,但是犹太拉比亦指示若没有欲望,"人就不会去建造房屋、娶妻、生子、谋生"。[20]

"勾引诱惑" 原文是两个被动语态现在分词,表示试探的过程中,"欲望"如何试探人。"勾引",和合本作"牵引",含有拉拉扯扯,用强力拖拉的意思。"诱惑"指用饵作诱物,例如钓鱼、打猎所用的饵,引伸用来指淫妇的诱惑。软硬兼施,把人拉到犯罪、死亡的境地。

一 15 "私欲怀了胎,就生出罪;罪长成了,就产生死亡" 这句的开首有一个 eita,解作"然后"、"后来",是个副词。和合本是"私欲既怀了胎",其中的"既"字就含有这个意思。雅各用怀胎生子的比喻,说明

---

[18] Kiddushin 30b.

[19] J. Marcus, "The Evil Inclination in the Epistle of James," *CBQ*, 44(4'82),606 – 621.

[20] Gen. R. 9.7.(Midrash Rabbah).

私欲由萌芽至结果的过程(参诗七 14)。

这节经文的句子结构,采用循序渐进的方式,把主题拉到最高潮(参阅一章四节的句子结构)。

> 然而每一个人被试探,乃是被自己的
>
> ┌ 私欲所牵引和诱惑,然后
> └ 私欲就怀了胎,就生出
>
> ┌ 罪。再者,
> └ 罪孕育成形,就生出死亡。

这幅图画很形象地描写出试探的成因和结果。我们不但不应该把试探的来源归咎给上帝;也不可归咎给魔鬼。不错,魔鬼是试探人的、是说谎者之父,不过它只是个小丑角色而已。假如人的内心没有欲望,魔鬼也无可奈何。正如韦智理所说:"不道德的开始,并不是由于行为本身。多年之前这种意念早已在心里萌芽,又不停地受到不良意识的滋润。……电视、广告,都针对我们的心理设计,着意刺激我们感官的反应……"㉑所以《箴言》的智慧者:"你要谨守你的心,胜过谨守一切,因为生命的泉源由此而出"(箴四 23)。雅各说:人内心的欲念凝聚累积起来,到了一个时候就会付诸行动,产生罪恶苦果。如同妇人怀孕,时候满足,所怀的胎便诞生下来。这种比喻,说明人犯罪往往不是"一时"意念之差;而是人在欲念产生之时,不立刻去对付、消除,而任由它在心内滋长的结果。"我们不能阻止飞鸟在头上经过;却可以阻止它在头上搭窝!"这比喻的话充分说明了,人犯罪是要自己负责的。

"罪长成了" 原文含有"完全孕育成熟"的意思。人犯罪的结果就是"死亡",正如始祖犯罪的后果一样(参创二 17;罗六 21～23,八 6)。罪在一个人的身上成为顽固的习惯,成为这个人性格的模式,结果这个人与上帝愈来愈远,与上帝的生命隔绝(弗四 18),这就是死,就是在试探中失败的结果。但是那些在试炼中得胜的信徒,却得着"生命的冠冕"(十二节)。

人在生活上受到考验,特别是由富有变为贫穷之时,雅各提醒我们

㉑ 韦智理,《人到中年》,郑惠仁译(浸会,1986),139 - 140。

当看重生命的质素过于财富的拥有。而贫穷的人亦常常受物质引诱，心中欲念所支配，以致犯罪作恶。得到更多财富之后，又再要填满其他的欲望，永无休止，以至陷入罪中。雅各进一步勉励信徒，在任何千变万化的人生际遇中，定睛仰望上帝。

(III) 仰望赐恩的主(一 16～18)

16 我亲爱的弟兄们，不要看错了。

17 各样美好的赏赐，各样完备的恩赐，都是从上面、从众光之父降下来的，他本身并没有改变，也没有转动的影子。

18 他凭着自己的旨意，藉着真理的道生了我们，使我们作他所造的万物中初熟的果子

　　一 16 "我亲爱的弟兄们，不要看错了"　不要看错什么呢？是指上文：把受试探的原因归咎给上帝，是错误的推断？以为人有欲望是很正常的，没有什么大不了？人犯罪不是自己的错，而是社会的错？抑或是指下文：叫人不要忘记上帝是良善、施恩的主？按照文体的结构来说，这句话应该是连接下文的，因为雅各用"我亲爱的弟兄们"一句话，通常是开始一段新的话题(参第二节注释)。当然这句话亦有承上启下的作用。人若认为上帝是"始作俑者"、是试探的来源，上帝是居心不良、心存阴险，这样一来，人就不会承认上帝是良善的施恩者。故此，十七、十八节是正面陈述上帝的性格：不要把上帝看错了！

　　"不要看错了"　原文是 mē planasthe，是"不"(mē)加上一个现在命令语态，意思是把一种习惯、进行中的动作停止下来。"不要看错了"，在这种文法表达之下，意思就是"不要再错下去了"。我们一直把上帝的好意误解、把上帝看错了，现在不要再这样错下去了。试探不是从上帝而来的；相反，一切美善的东西才是从上帝而来的(参太廿二29；路廿一 8)。"不要看错了！"这句话，保罗也用过，中文译词一律译作"不要自欺"(林后六 9，十五 33；加六 7)。雅各在这里加上一句"我亲爱的弟兄们"，使语气和蔼婉转得多。

　　一 17 "各样美好的赏赐，各样完备的恩赐"　这句话在原文读起

来,是有韵律的六音节(hexameter)诗词。[22] 原文是：pasa do/sis aga/thē kai/pan dō/rēma te/leion,依华特(Ewald)认为,这句是引自希腊古诗。[23] 新约圣经也有多处引述经外著作。例如提多书一章十二节："克里特人是常常说谎的,是恶兽,好吃懒做。"哥林多前书十五章三十二、三十三节："我们就吃吃喝喝吧,因为我们明天就要死了。"然后保罗再加上一句："你们不要自欺",说话的语气,就像雅各在这里所说的一样。保罗在使徒行传十七章廿八节向雅典人演讲时,引述希腊诗人一句话："原来我们也是他的子孙"。故此,雅各在这里引述希腊古诗一句,也不足为奇。雅各是要说明上帝是一切美善恩赐的源头。

"各样……各样……"　意思就是一切、全部、所有。

"美好"　原文 agathē 意思是"良善的"、"好的"、"对人有益的"。上帝是良善的(太十九 17);天父必定把好东西给他的儿女(太七 11)。

"完备"　原文 teleion,表示完美无瑕、没有损毁和瑕疵。上帝的礼物是十全十美,不必再加上什么。"赏赐"(dosis),"恩赐"(dōrēma),这两个词分别是：dosis 是指送礼的动作、行动(the act of giving);dōrēma 是指送出的礼物(the thing given)。[24]

"各样美好的赏赐,各样完备的恩赐"　这句话,总括了上帝是良善的,他不试探人,反而把一切好东西赏给人。他"厚赐众人,而且不斥责人"(五节)。这里提及的赏赐礼物是什么呢？上文五节是指上帝赏赐智慧给人,使人可以在试炼中得胜,考验能够合格;在下文三章十七节论及"从天上来的智慧";而这里又有一句"都是从上面……降下来的"。可见从上文下理来推断,雅各所指的"各样赏赐、各样恩赐",具体的化身就是上帝所赐的"智慧"。[25] 上帝没有试探人,反而给人智慧,作为美好和完备的礼物,使人可经历考验而合格。

"都是从上面、从众光之父降下来的"　"上面"指天上(与三 17 原文为同一字)。下句更仔细说明"上面"是什么地方：乃是"众光之父"的

---

[22] Vincent，347；Mayor，57.

[23] Mayor 引述 Ewald，见 Mayor，57.

[24] Vine，477.参 Mayor，58.不过 Moo 认为这只是雅各的修词技巧,不必认真,见 Moo，74-75.

[25] Davids，37.

所在。"光"字是复数,所以译作"众光",指天上的光体,例如日、月、星(参创一 3、14~18;诗一三六 7~9;耶三十一 35)。上帝是众光之父,因为这些光体是上帝所创造的。上帝说要有光,就有了光,并且安排太阳、月亮,各司其职(创一 3、16~17)。这个"父"字是指上帝不但是众光体的创造者,更是宇宙星辰的管理者、维持者。[26]

"他本身并没有改变,也没有转动的影子" "他本身并没有"这一句话,原文是 par' hō ouk eni,应分为两组词语。第一组是 par' hō = with whom,译作"在他来说",指就上帝而言、论到上帝方面,上帝与太阳、月亮不同。上帝是创造者,日月是受造物。上帝本身不会有圆缺现象,日月则有圆缺的周期转变(从人的肉眼观看自然现象而言)。雅各在形容上帝是良善的施恩者的同时,他把天体变化现象与上帝的恒久不变来作比较。第二组词语是 ouk eni = there is no place for,[27]译作"绝对不会"。上帝是绝对不会改变的!当代译本就把这句译为"他永远不改变"。

"改变" 原文是 parallagē,新约只有此处出现一次。七十士译本在列王纪下九章廿三节用了这字来描述耶户"叛变";而和合本和新译本的中文,都译作"反了"。故此,这字一般的用途是指行程改变,律法条文的更改,四季的转变等等。这里是指太阳在天空位置的改变。[28]上帝是永恒之光,他绝不会改变。

"也没有转动的影子" 这句话在原文有不同的版本。[29] 一般译文反映出传统采用的原文版本(联合圣经公会版本)是 parallagē ē tropēs aposkiasma = variation or shadow of turning。译为中文就是"转动的变化或影子"。意思是天上光体位置变化、移动之时所产生的影子,或景象的变化,例如日蚀、月蚀。

---

[26] Burdick,173.

[27] Lightfoot,150.

[28] Vine,183.

[29] 参阅 UBS 的经文鉴证。有关版本的详情,请参 Metzger,679 - 680;Burdick,173 notes;Ropes,162 - 165. Davids,52 认为两种版本的共同地方,都是指出天体的转变;而上帝却是永不改变的。不论是日蚀也好,太阳投影也好,对昔日的读者来说,并不是最重要的。"我们若要追问雅各,到底他心中准确的意思是指哪一种天体现象,便有点过分了"(52 页)。

另一个原文版本是：parallagē hē tropēs aposkiasmatos。跟上一个版本不同的地方是，前者的"无变化词"（particle）ē（译作"或者"），后者是"冠词"（article）hē（译作"the"）。ē 和 hē 在原文只是标点符号和气号（accent and breathing marks）的不同而已。另一点不同的地方是 aposkiasma 变为 aposkiasmatos。前者是主格，后者是属格。按这个版本直译为英文就是"variation which is the turning of a shadow"。译为中文是"变化，这变化就是影子的转移"。意思是太阳从早上到晚间，因位置改变（其实是地球自转），它的投影也随之改变。例如正午时分，人的影子最短；早上和黄昏时分，影子便很长。

第一版本涉及天文学上的日蚀、月蚀现象；第二版本表达的意思则是日常生活所见的现象。虽然一般译本是根据第一种版本原文译出的，可是第二种原文版本有较优良的抄本支持，而且较易为雅各当代读者所明白，因为日常见到的是日影，而不是难得一见的日蚀。

总括而言，雅各指出上帝不会试探人、叫人犯罪。反之，上帝是一切美善恩赐的源头。上帝这种慈爱的属性，是永不改变的。纵使天体现象会改变，上帝绝对不会改变。所以信徒在受试炼的时候，不要怀疑上帝的良善，不要步夏娃的后尘，受魔鬼的欺骗（创三 4～5）。在遭受苦难的时候，想起上帝的慈爱，就有盼望（哀三 21～22）。

一 18 "他凭着自己的旨意，藉着真理的道生了我们" "他凭着自己的旨意"，原文放在首句，为了加强语气，只有一个字：boulētheis = purposefully，是过去分词，解作"故意的"、"刻意的"，一般新约经文译作"旨意"（参罗十二 2；弗一 5 等）。雅各再进一步说明上帝对我们的爱：是他决意要"藉着真理的道生了我们"。"生"这个字，与上文"产生"死亡（十五节）是同一字根。在第十五节，雅各说"私欲"像种子，在胎中成长，日子满足，生下死亡为果子。在这里，雅各说"真理的道"也像种子，在我们心里成长，日子满足，把我们生下来，成为他的儿女，是"万物中初熟的果子"。

"真理的道" 原文是 logō alētheias，alētheias 是属格，这句话可以有不同的处理方法：

（一）素质属格（genitive of quality），用来形容"道"的性质。道是

真实的、属于真理的(与虚假相对)。㉚

　　(二)同等属格(genitive of apposition),认为"道"和"真理"两个词是同义的。㉛　道就是真理(参约十七 17,"你的道就是真理")。

　　(三)宾位属格(objective genitive),把"真理"看作受词,㉜"道"字解作"宣讲"。英文译为"the declaration of the truth",中文译为"藉着所宣讲的真理"。

　　按照文体结构来说,第一种处理方法较合作者原意。第一,雅各提到上帝藉着"道"来生我们,在下文廿一节再提及"上帝所栽种的道"(logon)。所以"道"字不应解作"所宣讲的",应该解作"言训"。第二,这道是"真的",是纯真的、没有杂质的(参彼前一 25 及二 2,形容主的道是纯洁的灵奶),与"私欲"(十五节)所产生的结果相对。第三,在下文十九节,雅各马上促请信徒"快快地听"这"道",好叫他们能得救(廿一节)。

　　"道"(logos)在约翰福音和约翰书信中,是"耶稣"的代用词,是耶稣基督。使徒约翰把当代希腊人对道的观念具体化、人格化地用在耶稣基督身上。他是在创立世界以先便存在,道就是上帝(约一 1;约壹一 1)。不过在雅各书中,这"道"就是福音。"真理的道就是神在福音的信息中启示给人的道",㉝而这道就是真理,不是异端错谬的教训。

　　"真理的道"这词语,在新约中出现四次(参林后六 7;弗一 13;西一 5;提后二 15),特别在以弗所书一章十三节宣称:"……真理的道,就是使你们得救的福音"。雅各在下文廿一节说:"这道能救你们的灵魂",正好是雅各自己替"道"字下了定义,我们不必胡乱瞎猜了。

　　"初熟的果子"　"初熟"意思是"最初的一份",是希伯来人称呼那些分别为圣归给上帝的东西,包括头生的儿子、牛羊、田里的出产等等(参出廿二 29~30,三十四 22;利廿三 10;申廿六 2、10;尼十 35~36)。基督徒也像初熟的果子归给上帝(罗八 23,十六 5;林前十六 15;启十

㉚ Bauer, 35－36; Michelsen, 123; Mayor, 63.

㉛ Alford, 283;参 Mayor, 63.

㉜ Westcott, *I John*, 83. "The word of Christ is in them as a quickening power".

㉝ 鲍会园,31－32。

四 4)。基督徒是万物中初熟的果子,是最宝贵的。上帝的儿女先蒙救赎,然后万物随之而得救赎(参罗八 19～23)。

　　雅各在上述九至十八节,讨论第一项信心的考验,就是贫与富的考验,人生际遇无常,金钱财物会朽坏,是身外之物。人应该珍惜生命,因为青春易逝。人应当把握生命:经过锻炼的生命,才能发出生命的火花,被上帝所用,得着生命的冠冕。人若在试炼中顺从情欲,结局就是死亡。在试炼中当向上帝求取智慧,藉着信心胜过各样引诱,认定上帝是信实、施慈爱的主,他必定给我们智慧。他藉着真道生了我们,所以我们是上帝的儿女,他必保守看顾,直到见主面的时候。

肆　信心考验之二：听道是否引致实践真理（一 19～27）

现在雅各提出第二项信心的考验：听道是否引致实践真理（一19～27），这个课题，与耶稣的山上宝训讲章很相似。耶稣在马太福音五章至七章的长篇讲论之中，教导门徒有关天国子民生活行为的表现。在结束之时，耶稣讲了一个比喻（太七 24～27），这个比喻是山上宝训的一部分，同时也是总结他对听道群众的期望：要把听见的道理实践出来。"所以，凡听见我这些话又遵行的，就像聪明的人；……凡听见我这些话却不遵行的，就像愚蠢的人……"（太七 24、26）。雅各在这里也是教导信徒不但要听道，也要行道，而且在廿五节勉励他们说，若是把听了的道实行出来，就有福了！很可能在雅各的思想里面，深深受到耶稣的山上宝训的影响。① 我们能否蒙福？（雅一 25）是否聪明和智慧？（太七 24）就看我们怎样对待上帝的道。我们是否经得起考验呢？

（I）虚心听道（一 19～21）

19 我亲爱的弟兄们，你们要知道，人人都应该快快地听，慢慢地说，慢一点动怒；

20 因为人的忿怒并不能成全上帝的义。

21 所以你们应当摆脱一切污秽和所有的邪恶，以温柔的心领受上帝栽种的道；这道能救你们的灵魂。

---

① 或许雅各也许没有在山上宝训的集会中有份参与。雅各写这封信之时，马太福音亦未出现。可是主耶稣口述的教训，常常被使徒引述传讲。多年来的口头资料形式，也许亦定了型。参阅 Metzger, *Background*, 73 - 101；Neill, 106 - 107.

一 19 **"我亲爱的弟兄们"** 雅各在这里开始另一个新的论题(见前述第二、十六节)。"你们要知道",原文句子之中,这句话在一句之首,而且只是一个字 Iste ＝(you) know。在字形上,这字可以用作直述词(indicative),也可以用作命令式(imperative)。和合本采用直述式,肯定读者已经知道这些道理:"这是你们所知道的"。是指向上文所说,包括:上帝是良善的赐恩者;上帝是不改变的;上帝用真道生了我们等等(参英译 NEB)。但是新译本则采用命令式:"你们要知道",指向下文,唤起读者注意、留心以下的陈述。按照雅各书的文体来看,雅各很可能是表达命令语气(参阅英译本:NIV, RSV)。

"人人都应该快快地听,慢慢地说,慢一点动怒" 这是一句希伯来格言。"人人"两字,原文是 pas anthrōpos,即是所有人,这种说法是属于闪族词语。侯士庭(Houston)说:"在希伯来文化中,所重视的不是能看东西的眼睛,而是能听上帝说话的耳朵;所以,人对上帝的认识,不是从思想测度,而是从聆听上帝话语而来,因此他的角色是听候命令的仆人。"②巴刻(Baker)在他的博士论文中,讨论到雅各书中有关说话的规矩,包括在言语上的节制、控制自己的脾气。③ 犹太拉比 Ben Zoma说:"谁是大能者? 就是能克胜自己〔罪恶〕本性的人。因为有这样的记载:慢慢动怒的人,比大能者更优胜。能克胜情绪的,胜过夺取一座城。经上说:'不轻易动怒的,胜过勇士;克服己心的,胜过把城攻取的人。'(箴十六 32)"④雅各在上文十七节提到从上面来的恩赐,就是智慧。在这里,雅各就提到一个智慧者应有的表现:小心谨慎自己的言语。这说法与希伯来格言和拉比的教训很吻合,而且亦反映了旧约箴言中智慧者的教训(参箴十三 3,廿九 20;传七 9)。

现在让我们回到这句格言本身。这里由三句话组成,原文是:

Tachys eis to akousai ＝ quick in order to listen

Bradys eis to lalēsai ＝ slow in order to speak

Bradys eis orgēn ＝ slow to anger

---

② 侯士庭,18。

③ Baker, *Personal Speech Ethics*.

④ Aboth 4 (Mishnah)。

这三句话若译为中文,可以是这样:

(1)"快"为了要听,

(2)"慢"为了要说,

(3)"慢"一点发怒。

这种译文,是把 eis to + 不定式动词(infinitive),当作目的。"快"和"慢"两个词,表面看来是速度上的比较。说话可以有快有慢,可是听说话就没有快慢之分。故此,这里的快和慢,并不当作速度解,应当用作借喻之用:"快"代表灵敏,"慢"代表谨慎。这样,eis to + infinitive 就用作结果(result)来看,而译文就会是这样:

(1)"快"(聪敏的耳朵)才可以听得明白,

(2)"慢"(谨慎小心的说话)才可以说得清楚,

(3)"慢"一点(小心控制你的脾气)发怒。

现代中文译本就将之意译为:

(1)随时聆听别人的意思,

(2)不急于发言,

(3)更不要轻易动怒。

笔者认为 eis to + 不定式动词的结构,在这里应当作"结果"来看,才符合雅各在这里要表达的意思。由于上文十八节雅各提及"真理的道",下文廿一节再提及"以温柔的心领受上帝栽种的道",所以这里十九节的劝勉,不是指日常谈话的态度,而是指聆听福音真道的态度:用心思考,而不是急于争辩。故此现代中文译本译为"随时聆听别人的意见",就不正确,这里是指聆听福音真道而说的。

"慢一点动怒" "动怒",原文 orgēn 是个受词(accusative case),所以不是动怒或发怒,而是"被激怒"。使徒行传十九章廿八节记载保罗在以弗所传道,银匠底米丢用满有煽动性的言词教唆群众反对保罗,于是"他们听了,怒气冲冲喊着说……"。然而在庇哩亚的人就很不同,他们"热切接受主的道,天天查考圣经,要知道所听的是否与圣经相符。结果他们中间有很多人信了"(徒十七 11、12)。福音真道指出人有罪性,人有私欲。人必须认罪悔改,归向真神。人听见这些道理,的确是很容易被激怒的。可是,我们若心存谦卑,探求道理的真相,就会被上帝的道感化。

一 20　"因为人的忿怒并不能成全上帝的义"　"因为"，原文是 gar，为十九节的教训提出理由。但二十节只论到不该"忿怒"，故此这个 gar 只补充十九节最后一句话："慢一点动怒，因为……"。"人"字用 andros，而十九节是用 anthrōpos。anthrōpos 是泛指男女在内的人类；andros 只用在男性，不过有时亦用在全人类(参上文第八节注释)。此外，雅各选用"男人"(andros)这个字，可能反映出当时的实际情况：讲道的人和听道的人大多是男性，而且容易在言词之间争吵起来。保罗在提摩太前书二章八节提到："我愿意男人没有忿怒，没有争论……"

"并不能成全上帝的义"　这里有个难题，就是"上帝的义"是指什么？有三个方法去处理这个问题：

(一)把"上帝的"这个属格(genitive)，看作主词(subjective genitive)，解作：上帝给予我们称义的地位，是指重生(一 18)，灵魂得救(一 21)。

(二)把"上帝的"这个属格看作性质或拥有的特性(possessive genitive)，解作：上帝本性上的公义、公正。若采用这观点，便认为雅各在警告人不要发怒，以为自己是替天行道，替上帝伸张正义。这个人以为发怒就是"义怒"，把不虚心听道的人责骂一番。

(三)把"上帝的"看作受词属格(objective genitive)，指合乎上帝心意的公义行动。NIV 的译文就反映这个观点：for man's anger does not bring about the righteous life that God desires，意思是：当人发怒之时，他的行为就不是上帝期望见到的公义生活方式。

现在先放下这三种观点的比较，来看看"成全"(ergazetai)这个字的意义。"成全"是"做"、"行出"(do, practise)的意思。这里的"成全……义"(to do righteousness)与下文二章九节的"犯罪"(原文是"做"出罪，这个"做"字就是 ergazetai)互相对照。巧合的是，七十士译本中诗篇十五篇二节就把"做"与"公义"连在一起，而且也是论及言语的："能够住在圣山的人，就是行为正直，作事公义，心里说实话的人。"还有，这个"成全"是个及物动词，可以解作"做"、"行出"、"委身于某人或事物"；亦可以解作"得到"、"藉劳力而获得"。⑤

---

⑤ *The Analytical Greek Lexicon*.

　　按照上文下理,这句话"成全上帝的义"的意思,就是"得到上帝给予我们称义的地位"(上述第一种解释)。这节经文的意义,在于决定雅各向什么人说话。虽然十九节开始时有"我亲爱的弟兄们"这句话,不过跟着的劝导是关乎"听道"的态度,而不是"传道"的态度。故此,十九节的"慢慢地说"并非指传福音的人要慢慢讲、讲得清楚明白(当然是需要如此),不过更可能是指听道的人,要"快快地听"(听得入耳、留心);"慢慢地说、慢慢地动怒",是指听道者的反应,包括不要急于抗拒、辩驳。如果人对上帝的道抗拒,他就不能"得到"(新译本在此译作"成全",和合本译作"成就")上帝的义。再参看下文,在二章廿一节提到亚伯拉罕因信而行,得到上帝称之为义。在二章廿五节又提到喇合,也是因信而行,得到称义。所以,综合上述分析所得,"上帝的义"就是指上帝所赐的义。⑥

　　一 21　"所以你们应当摆脱一切的污秽和所有的邪恶"　"所以"是提出正面的指引,为了要得到上帝所赐的义,我们要预备好心灵的田地。"摆脱"(apothemenoi)这个字在以弗所书四章二十五节译作"除掉"(谎言);彼得前书二章一节译作"除去"(恶毒、一切的诡诈……);亦指运动员在比赛之前脱去不必要的衣服(来十二 1)等等。而脱去旧衣服的比喻,在圣经中常常是代表人的罪性品格。在旧约有祭司约书亚的衣服的比喻(亚三 3～4);在新约有信徒从前的败坏行为的比喻(罗十三 12;弗四 22;西三 18;启三 4、18 等)。

　　"一切的污秽"　"污秽"(rhyparia)这个字,在新约中只在这里出现,通常是指污秽的衣服,就是代表人的罪恶败坏品格。有一点很有趣的地方,就是这个字的同一字根 rhypos,是解作"耳垢",在东方的迷信习俗中,耳垢是可以作药用的。⑦ 我们的耳朵内有许多耳垢,使我们听不进上帝的道。耳朵闭塞,心中盲塞(参赛六 9～10)。

　　"所有的邪恶"　这句话最佳的注释,就是路加福音六章四十五节:"良善的人从心中所存的良善发出良善,邪恶的人从心中所存的邪恶发

---

⑥ Davids,93.参考 AB,21.

⑦ MM. 565. 引述 P Osl I. 1[332] "Mix also with the barley-corn the ear-wax of a female mule."(用小麦混和母骡的耳垢)

出邪恶；因为心中所充满的，口里就说出来"。这里"充满"一词，就是雅各所用的"所有"一词，和合本译作"盈余"，就含有充满、满溢、多得很的意思。"污秽"代表生活行为，"邪恶"代表言语。在行为方面，要"脱去"旧人的行为，穿上新人。在言语方面，要约束舌头："慢慢地说，慢慢地动怒"（一19）。若是急躁，恶毒的话就会冲口而出，抗拒上帝的道、容不下上帝的道。前者是外在的（污秽的衣服）；后者是内在的（言为心声）。人内心若充满邪恶，就会随从自己的私欲，增添好些师傅，掩耳不听真道（提后四4）。

"以温柔的心领受上帝栽种的道"　"温柔"（prautēti），原意是一只野马经过驯服之后的情况，此处是形容一个受教的心。"上帝栽种的道"，原文没有"上帝"这字。这句直译是"那栽种的道"（和合本）。"那……道"（ton logon），是有冠词的，表明是读者熟知的"道"。回顾上文，十八节是"真理的道"，就是福音；承接下句，就是指"那能够救你们灵魂的道"（这译文比新译本"这道能救你们的灵魂"较合原文意思）。

这温柔的心好比一块肥沃耕耘过的好土，让上帝的道可以在心中植根（栽种）。"栽种"（emphyton），是受词格，与"道"这字同一个格，是用来形容放入人的心田而植根的道。在耶稣所说的撒种比喻中，好土能够让种子成长，结出百倍的果实（太十三23）。"上帝的道"（一18）、植根（一21）的观念，可见诸犹太人祝福辞（Jewish Benediction）："你是有福的，主我们的上帝，宇宙大君王，你把真理赐给我们，把永生植根在我们里面。"

"这道能救你们的灵魂"　新译本把这句话当作直述句子处理，指出"道"的功效。和合本较合原文意思。和合本把这句用作是与"道"同等的句子，解释"道"是什么："就是能救你们灵魂的道"，强调"道"字在句子中的主要意念。

"灵魂"　原文是 psychas，解作"生命"。这福音的真道能使人得着重生（参一18）。彼得也同样用了种子的比喻来讲论重生。"你们得了重生，并不是由于能坏的种子，却是由于不能坏的，就是藉着上帝永活长存的道。……所传给你们的福音就是这道"（彼前一23～25）。

雅各在二十节和廿一节把一个闭塞的心和温柔的心作出对比，对福音真理用不同的态度，会产生不同的果：

二十节　因为人的忿怒并不能<u>成全上帝的义</u>。

廿一节　以<u>温柔</u>的心<u>领受上帝</u>栽种<u>的道</u>，

这道能救你们的灵魂。

总括而言，雅各在这里提出第二项信心的考验。雅各劝勉信徒对待上帝的道——就是涵盖了上帝的福音真理、使人生命改变的真理，要心存谦卑，留意聆听，因为上帝的道是十分重要的。这个考验就是要看看，真理的道种能否在我们的心田中茁壮成长。

接着，雅各再进一步教导我们应该怎样听道和行道。

(II) 留心行道(一 22～25)

22　你们应该作行道的人，不要单作听道的人，自己欺骗自己；

23　因为人若只作听道的人，不作行道的人，他就像一个人对着镜子看自己本来的面貌，

24　看过走开以后，马上就忘记自己的样子。

25　唯有详细察看那使人自由的全备的律法，并且时常遵守的人，他不是听了就忘记，而是实行出来，就必因自己所作的蒙福。

上帝的道是否在我们生命中生长和结果呢？从我们有否"行道"就知道了。在廿二至廿五节，雅各说：听了道又去行的，必然蒙福(廿五节)。雅各似乎在回应耶稣山上宝训中的语句："有福了！"

一 22　"你们应该作行道的人"　和合本有"只是"一词，这词颇能传达原文中有(de)这个字的语气。还有，这个"只是"(de)，更有承上启下的用意。上文提到要用温柔的心领受真道。这里更补充说：不是单单听道！"应该作"这句话把原文的命令语态表达出来。梅雅认为，译为"作"(ginesthe)未够完全表达原意。这个"作"字含有"要有更多表现"的意思。⑧

"行道的人"　原文是 poiētai logou（doer of the Word），与下句"不要单作听道的人"互作对比。新译本在这个地方比和合本的译文准

---

⑧ Mayor, 69.

确。和合本译文是"听道"与"行道"的对比,是动词上的比较。但是原文是指"听道的人"和"行道的人",强调做一个怎样的"人"。"道"(logos)这字在第一章出现多次:十八、廿一、廿二、廿三节。我们怎样去面对上帝的道?回应上帝的道?雅各在这里说:我们当做个"行道者",不要单单(原文是 monon)做个"听道者"。我们当然要听道,上文十九节叫我们"快快地听",并且以温柔的心领受上帝栽种的道。但是不要停止在那里,不要单单做个听道的人,更加要(ginesthe de)做个行道的人。这个"行道者",原文的意思是把道理行出来的人,或简单地说,这个人是个"行者"(a doer,原文是 poiētēs)。这个字在下文再次出现:廿二节"行道的人";廿三节"不作行道的人";廿五节"实行出来"(原文是 poiētēs ergou = doer of the work,中文直译是"工作的实行者");四章十一节"实行律法的人"(原文是 poiētēs nomou = doer of the Law,中文直译是"律法的实行者"),所以雅各注重我们是个怎样的人。

在这个观点上,其实雅各和保罗的见解是相同的。在罗马书二章十三节,保罗说:"因为在上帝面前,不是听律法的〔人〕为义〔人〕;而是行律法的〔人〕得称为义"(有〔 〕者为笔者所加)。其实耶稣在山上宝训结束时,就是用比喻教训门徒,要做个"行道的人"(太七24～27)。

"自己欺骗自己" "欺骗"(paralogizomenoi),意思是"由于错误的推理而作出的结论"。这字是现在分词,是承接上句"不要单作听道的人",就是说:不要以为单单做个听道的人便够了,这样的想法是自欺欺人。

一23 "因为人若只作听道的人,不作行道的人" "因为"(hoti),为不要单单做个听道的人提出理由。"人若只作听道的人,不作行道的人","人"是指任何一个人,"作……不作……",应译为"只是个听道的人;不是个行道的人"。

"他就像一个人对着镜子看自己本来的面貌" "他"(houtos),解作"这个人",是代名词,就是上句那个"只是听道的人",有强调、突出"这样的一个人"的意思。"一个人"(andri,参第八节),是雅各惯用来指一般人的。

"对着镜子看自己本来的面貌" 在雅各书中,雅各把上帝的道比喻作生命的种子(十八节),如同种子扎根于人心(廿一节)。在这里又比喻为"镜子",反映出人的本相样貌。这面镜子就是下文廿五节的"全备的律法"。

　　"自己本来的面貌"　直译是"出生时候的面貌"（to prosōpon tēs geneseōs = the face of his birth）。"出生的"这个属格词，应看作"性质属格"（genitive of quality），含有"本性"、"天性"的意思。若参照下文廿五节，雅各解释这面镜子就是"那使人自由的全备的律法"，那么我们去照这面镜子，就是让上帝的律法、上帝的道，来查问我们的本性。这个与生俱来（of his birth）的天性，是受罪污染的、不完全的本性，受到上帝律法的审查和光照。约翰森（Johnson）在他的文章中，更认为这面镜子的用途，包括"回忆、仿效、模范"。而雅各特别在下面（二章、五章）提出四位旧约人物作为仿效的对象，就是亚伯拉罕、喇合、约伯和以利亚。⑨

　　"看"　是仔细地看，看得清楚的意思。虽然保罗说对着镜子看，是模糊不清（林前十三12），因为古代的镜子是用铜片打成、人工磨光的，所以反照出来的样子不会很清晰。不过雅各在这里强调的不是看得清楚或不清楚的问题，而是这个照镜子的人很快就忘记自己的样子（廿四节）。此外，这面镜子就是上帝的律法，反映出人的本相（有罪的本性），指出人需要从罪中得释放。

　　布伦察和皮尔理（Blanchard & Peale）合著的有关商业伦理的书中，提及人在面对道德抉择之时，最好的指引乃是经过一项"镜子测试"（The Mirror Test）。"你能否对着镜子看自己而无愧呢？如果你做得对，你就可以在镜子中直看自己。不过，假如你不理会自己的良心，而去选择错的行为，你会觉得自己面目可憎。无论你怎样把自己错误的行为合理化，你也会觉得不对劲的"。⑩布伦察和皮尔理把镜子喻作人的良知。不过，人的良知并不可靠，除非他的良知受过上帝真道的更新和指正。雅各正确地指出：这面镜子就是上帝的道。

　　祈克果有一篇讲章论及雅各书一章廿三、廿四节，他说："首先，你

---

⑨ L. T. Johnson, "The Mirror of Remembrance (James 1:22 – 25)," *CBQ*, 50(4, '88), 632 – 645.

⑩ K. Blanchard & N. V. Peale, *The Power of Ethical Management* (NY: William Morrow & Co., 1988), 45.

不要单看着镜子，乃要看那镜子中的你。"[11]是的，许多时候我们花了不少精力去研究这面镜子，却忽略了在镜子中看出自己的本相。"耶和华的律法是完全的，能使人心苏醒"（诗十九7）。细心研读上帝的律法，带来心灵苏醒的后果，才是照镜子的最终目的。

一24 "看过走开以后，马上就忘记自己的样子" 上句的"看"，是仔细看，看清楚。这句的"看"也是同一字根。"看过"这动词是过去时态，"走开"是完成时态。雅各把两个不同的动词时态一起使用，表达出两种行动是仓卒完成的，给人一种掉以轻心的感觉。[12]

"马上就忘记自己的样子" "马上"是强调立时的，在脑子中完全没有留下影子。"忘记自己的样子"，"自己的样子"原文是 hopoios ēn = of what sort he was，意思是"他忘记本来是个怎样的人"。如果上文廿三节"本来的面貌"是指听道的人，在上帝全备律法反映之下，看见自己的不足；这里廿四节则是指听道的人，只是听听而已。"看过"便"走开"，完全没有立意要行道，所以就轻易忘记了。

一25 "唯有详细察看那使人自由的全备的律法" "详细察看"这词，是有冠词的过去分词：ho parakypsas = the（one）who look。新译本与和合本的译词把这句当作动词"详细察看"。当代圣经译作"不断考究……的人"；现代中文译本译作"严密查考……的人"。后面两种译文较能反映原文要表达的意思：指"人"。这个人是个细心研究律法的人。"详细察看"这个字词有屈身往里面看的意思。彼得前书一章十二节用来指天使详细察看上帝的救恩奇妙计划。约翰福音二十章五节、十一节指门徒细心观察埋葬主耶稣的空坟墓。

在廿三至廿五节，雅各用叙事笔法描述两个人对律法——上帝的道——不同的态度和不同的结果。

　　句（一）某甲：对着镜子看……看过……走开……马上忘记→欺骗
　　　　　　自己
　　句（二）某乙：详细察看……时常遵守……实行出来→就必蒙福
　　某甲看是看了（过去时态），是一次性的行动，看过了便走开，而且

---

⑪ 引自《心路历程》，97。
⑫ Mayor，72.

立刻忘记所见的。他以为单单听道便可以，他的推断是错误的，因为这只证明他是个愚拙人（参太七 24～27）。某乙是详细地、小心地察看。原文用了带有冠词的过去分词，表示某乙是个"详细小心的观察者"，指出他的个性、为人。若把上述句（一）的"看过……走开"与句（二）的"时常遵守"作出比较，显然作者有意说出某乙是经常地、常常地"照镜子"，某甲只是偶尔为之。

"时常遵守" 与下句"而是实行出来"的意思重复。"时常遵守"这词，原文只是一个字：parameinas = remaining，是过去分词，是主词格、男性、单数，用来形容某乙不单是个"小心谨慎的观察者"，更是个"经常的察看者"。故此，和合本译作"并且时常如此"就较为反映原文的本意。不过和合本的"如此"两字，似乎是指出某乙的行动：时常"如此""察看"。但原文的意思是指某乙的为人，是个时常察看的"人"。

再比较句（一）的"马上忘记"和句（二）的"不是听了就忘记，而是实行出来"。句（二）指出某乙"不是听了就忘记"，原文是：ouk akroatēs epilēsmonēs = not a forgetful hearer，应译为"不是个善忘的听者"，仍然是指他的为人。

"而是实行出来" "而是"（alla = but），是个语气较强的连接词。"实行出来"（poiētēs ergou = a doer of the work），是"工作的实行者"，或解作"实践的行道者"。意思是说，他是个"实践家"，不是个"理论家"，或只是个"观察家"。雅各在廿三至廿五节生动的描述，不但对当代的读者而言有具体提示的作用；对我们今日读经的人，也能引起我们的注意和兴趣。他一直强调我们的"为人"当如何，不要做个外表装模作样的人。

再看句（一）和句（二）的比较，某甲的结果是自己欺骗自己，如同耶稣在山上宝训最后的比喻中所说的"无知的人"，把房子建造在沙土之上，在经历试炼的日子，完全倒塌，不堪一击（太七 26～27）。但是某乙却是个蒙福的人，因为他把房子建造在磐石上，经得起人生风暴的考验（太七 25）。

"就必因自己所作的蒙福" 这句话原文直译是："这个人是个有福的人——正在他做的时候"。雅各称赞这个人是有福的。"正在他做的时候"（en tē poiēsei autou = in the doing of him or in his doing）。这种句法在上文用了四次(请查阅上文有关各段经文的注释)：

一 8　"在他的一切道路上"(in all of his ways)

一 9　"高升"(in his height)

一 10　"降卑"(in his humiliation)

一 11　"在他的奔波经营中"(in his going)

这四句的结构相同，要表达一个人正处身于某一种情况之中。而廿五节这里乃是指出某乙是个蒙福的人，不是在他"完成"工作之后才蒙福，而是在他"正在做"的时候便蒙福。耶稣除了在比喻中称赞那个行道的听道者是个聪明人(太七 24)，也在约翰福音十三章十七节对门徒说："你们既然知道这些事，如果去实行，就有福了。"

现在回头看看廿五节第一句"使人自由的全备律法"，这句在二章十二节又出现，只是缺少了"全备"一词。"律法"(nomos)，在七十士译本中，常常用来翻译希伯来文的 Torah 一字，指摩西律法。不过这里nomos 没有冠词，所以不一定是指摩西律法，可以是指"一般性的法则"。⑬ 对雅各来说，他是犹太人，而且写信给分散各地的犹太人基督徒，他当然知道摩西律法。但是从上文下理来看，此处的 nomos 应该是响应上文廿二、廿三节的"道"，是能够救人灵魂的"道"(廿一节)，是使人重生的"真理的道"。故此，廿五节的 nomos，应是指"福音"而言。由于雅各在本书信中常常反映耶稣的教训，这种推断是十分合理的。⑭虽然下文二章八至十二节提及"律法"时，雅各引述了旧约诫命，包括"不可奸淫"、"不可杀人"。但是耶稣的教训应该也包括旧约的伦理教训，因为耶稣说："我来了不是要废掉律法，乃是要成全"(太五 17)。耶稣把律法从"刻板"、"字句主义"的层次，提升到"心灵"、"律法精神"的层次。这种见解，遍布于山上宝训之中。

这律法是"全备"(teleion ＝ perfect)的。一方面指出律法的完整性，不可加添，不可减少，一点一画也不能废去(太五 18)。另一方面，耶稣的教训，把摩西律法的精神实践出来(太五 17～18)。

这律法也是"使人自由的"，在下文二 12 再出现一次。耶稣的福音

---

⑬ Thayer，428；Lightfoot，118.

⑭ Moo，83－84. Moo 在导言中有短文介绍 The law 在雅各书中的意义。

使人自由、得释放。他的轭是容易的;他的担子是轻省的。跟随主并遵行主的教导的人,必得享安息(太十一 28～30)。保罗也说:"基督释放了我们,叫我们得以自由"(加五 1,和合本);我们"蒙召是要得自由"(加五13,和合本)。雅各更说我们若把这"律法"实行出来,就必蒙福(雅一 25)。

在这个第二条试题里,考验我们是不是一个听道而行道的人,是不是一个考验合格而蒙福的人。

(III) 真的虔诚——能说能做(一 26～27)

26 如果有人自以为虔诚,却不约束他的舌头,反而自己欺骗自己,这人的虔诚是没有用的。

27 在父上帝看来,纯洁无玷污的虔诚,就是照顾患难中的孤儿寡妇,并且保守自己不被世俗所污染。

雅各现在把前面所说的教训,引入实际生活的层面。

一 26 "如果有人自以为虔诚" "如果有人"(ei tis = if anyone),参上文廿三节:"因为人若……"(hoti ei tis = because if anyone)廿三节提到有一类"自欺"的人,只听道,不行道。廿六节这里再提到另一类"自欺"的人:能说不能做。"自以为"(dokei =〔he〕thinks),是一厢情愿的"想"。"虔诚"(thrēskos = religions),在新约经文中,只在此处出现,而且希腊古典文学中从来没有用过这字。同一族系的名词,则见于使徒行传廿六章五节,指犹太教而言;歌罗西书二章十八节指敬拜天使;而在雅各书一章廿六、廿七节的"虔诚",则含有对上帝敬畏、敬奉的意思。Thrēskos 的字根是"颤惊"的意思,这反映出人向上帝、神祇膜拜,许多时候是出于惧怕,由惧怕而讨好、取悦神明,于是便做出许多祭祀、参拜的举动。就如广东人所说"很神心",这是指拜偶像的人早晚烧香、节日吃斋、上庙参神等等行为。在基督徒来说,有人"想"(以为)自己很"神心":上教堂、参加崇拜、主日学、团契、祈祷会、派福音单张等等。雅各说,若有人以为这样便是虔诚,他当留心下面的提醒。

"却不约束他的舌头" "约束"(chalinagōgōn = to guide with a bridle,用马嚼环来牵引),这个字在下文三章二、三节也用过。三章二节是动词:勒住;三章三节是名词:嚼环。在这里,"约束"这字用来借喻作"控制"解。背后的意思说这个人的嘴巴没遮拦、一派胡言。

"反而自己欺骗自己" "欺骗"(apatōn = deceiving),和合本作"欺骗自己的心",因为原文有"心"(kardian = heart)这个字。这样看来,这个人是个"埋没良心的人"。从下文廿七节提到要"照顾患难中的孤儿寡妇",可以推想雅各在廿六节所说的人,是个花言巧语、口甜舌滑之辈,看见境遇凄凉的人,却无恻隐之心。从句子结构来看,"不约束他的舌头"和"欺骗他自己的心"是互相对比的句子:mē ... alla ... = not ... but ... ,有"不是⋯⋯乃是⋯⋯"的意思。⑮ "自己"(autou),是强调语气。若将这两句排列出来,意思就容易掌握:

> 如果有人以为他自己是虔诚人,
>
> 〔其实〕 他并不是会约束自己舌头的人;
>
> 乃是一个欺骗自己良心的人。

这样看来,把控制舌头和欺骗良心放在一起来比较,廿六节的意思就很清楚了。雅各是这样说:"如果有人自以为虔诚,还到处逢人便说自己是虔诚(不约束自己的舌头),他不只是说说而已,其实他是向自己的良心说的,是欺骗自己。"舌头说过了,自己的良心也自以为是。

"这人的虔诚是没有用的" "没有用的"(mataios),含有"说谎"、"空言"的意思。⑯ "这人"(toutou),是代名词,有强调作用。他这个人是个说谎者,说些不兑现的空言。

一 27 "在父上帝看来" "看来"(para),是个前置词,含有从上帝的判断来看之意。这句话若与上句"自己以为"作个比较,可以很清楚看出雅各的重点乃是:我们自己以为自己是如何,那是不算数的;最要紧的,乃是上帝怎样看我们。人是否真的虔诚,不是用自己的尺度来量的,乃是用上帝的标准来看的。这里特别用到"上帝"和"父"两个词,是特别强调上帝的"父性",他是慈爱、良善、眷顾人、供应人一切需要的

---

⑮ Blass,233. οὐ... ἀλλ ἀ also means "not so much ... as" in which the first element is not entirely negated,but only toned down. 例如:"凡接待我的,不是接待我,乃是接待那差我来的"(可九 37);"你不是欺哄人,是欺哄上帝了"(徒五 4)。

⑯ Thayer,392 - 393.

天父。他是孤儿的父(参诗六十八 5)。

"纯洁无玷污的虔诚" 在原文的句子里,这句的"虔诚"一词,紧接着上句的"虔诚"。再一次让人看见雅各的写作文体特色(参阅上文一4、6 注释)。"纯洁"和"无玷污"两个词,指出真虔诚的特质。"纯洁"(kathara = clean),指贞洁、清洁,与"无玷污"(amiantos = undefiled)一词并用时,表示纯真(genuine)。[⑰] 与上句"没有用的"、是"空言"、"假的"、"不兑现的"作出对比。纯真的虔诚是有实质内容、能兑现的承诺。

"就是照顾患难中的孤儿寡妇" "就是"(autē estin = This is),有强调语气的作用。"照顾"(episkeptesthai = to visit),这词在路加福音七章十六节译作"拯救",使徒行传六章三节译作"寻找",含有尽一切所能去改变他人困境的意思。"患难中的孤儿寡妇",在圣经中,"孤儿寡妇"是代表社会中最无助的一群人,他们是没有生产能力,无法照顾自己生活的人。再加上"在患难中"一词,更强地反映出他们是在绝境之中。肯留心照顾这些人的,就是能体贴父上帝心意的人。这样的人,必蒙天父赞赏(参太廿四 3~廿五 46)。

"并且保守自己不被世俗所污染" "保守自己不被"这句话,含有"警觉"、"留心"、"与世界保持距离"的意思。

"世俗" 这里的"世俗"(kosmou = the world)一字,指世界、不信上帝、敌挡真道的人或思想形态,包括他们的价值观、人生观(参约十五18~19;约壹二 15~17)。

廿七节表示真敬虔的具体意义,用了两个不定词(infinitive),一个是"照顾",另一个是"保守"。前者是向外,后者是向内。前者为他人而做,后者为自己而作。

总括第二个信心考验,就是测试我们能否做一个行道的听道者。(一)谦卑领受上帝的道,使人可以得救;(二)常常听道,查考上帝的道,而且去实践,就能蒙福;(三)实践爱人、照顾有需要的人、保守自己不受世俗观念所影响,做个在上帝眼中的虔诚人。

[⑰] 上引书,312。

伍　信心考验之三：怎样判断人反映你内心的价值观（二 1～13）

(I) 法律面前，人人平等(二 1～7)

1 我的弟兄们，你们既然对我们荣耀的主耶稣基督有信心，就不应该凭外貌待人。

2 如果有一个手戴金戒指、身穿华丽衣服的人，进入你们的会堂；又有一个衣衫褴褛的穷人，也进去了。

3 你们就看重那穿华丽衣服的人，说："请坐在这好位上。"又对那个穷人说："你站在那里。"或说："坐在我的脚凳下边。"

4 这不是你们对人有歧视，成了心怀恶意的审判官吗？

5 我亲爱的弟兄们，请听：上帝不是拣选了在世上被认为贫穷的人吗？这些人却在信心上富足，而且是承受上帝的国的人。这国是上帝应许赐给爱他的人的。

6 然而你们却侮辱穷人。其实，那些欺压你们，拉你们上法庭的，不就是富足的人吗？

7 难道不是他们亵渎那召你们的尊名吗？

　　雅各在本书第二章，安排了两个辩论主题。据屈臣（Watson）的研究结果，认为这两篇辩词与第一世纪盛行于希腊罗马之辩论格式相似，兹列出如下：①

----

① D. F. Watson, "James 2 in Light of Greco-Roman Schemes of Argumentation," *NTS*, 39 (1, '93), 94 – 121.

雅各二 1～13	雅各二 14～26
（1）前提（二 1）： 不可凭外貌待人	（1）前提（二 14）： 有信心，也要有行为
（2）事实（二 2～4）： 会堂中的情况	（2）事实（二 15～16）： 看见弟兄姊妹有缺乏时的情况
（3）辩证（二 5～7）： 神拣选穷人	（3）辩证（二 17～19）： 信心与行为不可分割
（4）润色（二 8～11）： 以旧约律法来辩证	（4）润色（二 20～25）： 以旧约两位人物来辩证
（5）结论（二 12～13）： 神会照你的办法审判你	（5）结论（二 26）： 信心没有行为是死的

Watson 的研究的确言之成理，而且二章一节和十四节，开始的句子都用了"我的弟兄们"，正好是开始一个新论题的格式。

二 1 "我的弟兄们" 雅各在这里开始另一个新题目（参阅上文一 16、19 注释）。雅各讨论第三个信心（或作信仰）的测试。我们的信仰内容与行为表现是否一致呢？

"你们既然对我们荣耀的主耶稣基督有信心" "有信心"这句，新译本的译文令人注意到主耶稣是可信靠的：我对主有信心。其实原文的"信"字附有冠词：tēn pistin = the faith，应解作"信仰内容"，意思是"你们有这样的信仰"。这种信仰是指对主耶稣基督的信仰。"相信耶稣基督乃是一项重要行动。这行动能够令一个人成为基督徒"。[2] 故此，雅各是向这些口说是信耶稣、是基督徒的人发出挑战。

"我们荣耀的主耶稣基督" 整个句子都是由属格组成，按照原文字句的次序是："（冠词）主、我们的、耶稣、基督、（冠词）荣耀的"。在"主"字和"荣耀"这字之前，都有一个冠词。因此，我们可以把这长长的属格句子分为两组，由冠词作领导，译为"我们的主耶稣基督"和"荣耀的"。新译本与和合本都把"荣耀的"一词调往前面，成为"我们荣耀的

---

[2] Ropes，187.

主耶稣基督"。③ 可是,笔者却认为从字句次序和文体结构来看,把"荣耀的"用来作"抽象词",形容"主耶稣基督",虽然文法上是可以接受的,但是若把这个附有冠词的"荣耀的"当作实词来用,就更能反映上文下理要表达的信息。④ 这样,全句的译文就成为:"我们的主耶稣基督、荣耀的(一位)"。一个人成为基督徒,乃是因为他有这种信仰。

雅各在上文一章一节,就公开宣告他的信仰:"上帝和主耶稣基督的仆人雅各"。主耶稣的弟弟雅各,在遇见复活的主之后(林前十五7),就成为基督徒。他承认耶稣是他的"主"(kyrios = Lord)。而在这里,他更称耶稣是"荣耀的一位"。在雅各的信仰中,耶稣是一位死而复活、升上高天,将来要从荣耀中降临,审判万民的主(五 7～9)。⑤ 而下文讨论的背景,是法庭的情况(参四节、六节),雅各首先提醒读者,主耶稣才是那位将会在荣耀中降临的审判者。

由下句劝勉人"不应该凭外貌待人",反映出雅各强调"耶稣基督"是由受苦进入"荣耀"的"主"。他在世上的时候,人都看他是个木匠的儿子,是卑微的拿撒勒人。但是他从死里复活、升天、坐在上帝宝座的右边,将来还要在荣耀中再来,审判活人死人。这种信仰内容,后来在《使徒信经》和《尼西亚信经》中,作了有系统的总结,写成宣言。其实这种信仰宣言,在腓立比书二章六至十一节,和提摩太前书三章十六节的早期教会颂赞基督歌词之中,已具规模。耶稣时代的人,许多人是按外貌待耶稣,不认识他原来是荣耀的主(参可六 3,又见保罗的评语:林前二 8;林后五 16)。因此,雅各训勉读者,不要重蹈覆辙,一错再错——"不应该凭外貌待人"。

"不应该……" 原文是 mē en prosōpolēmpsiais = not in respects of persons,这个命令句是由 mē 加上现在命令语态的动词,有命令停止某一动作的意思。若译为"不要再凭外貌待人",便更为传神。我们既然宣称自己有这信仰——主耶稣基督,他是荣耀的一位,就不要再凭

---

③ 参 NIV。另外,在解经家中,接受这译文者有 Davids,44;Dibelius,128;Ropes,187;Moo,88.

④ 赞同这译文的有 GNB;NEB;Laws,95－97;Mayor,80－82;Adamson,102－103. 尤以 Adamson 详细分析句子的关系,值得参考。

⑤ 门徒称颂升上高天的耶稣为主的观念,请参阅 Brown,2:514－516.

外貌看人，以为他们地位低微而看不起他们。下文第五节指出，外表贫穷的人，他们其实在主里面是富足的，是"承受上帝的国的人"。

"外貌待人"　原文 prosōpolēmpsiais，是由 prosōpon = a face or person（面貌、人）与 lambanō = to lay hold of（凭借、拿住）两个字组成。"凭外貌待人"就是根据某人的衣着、社会地位、职业、财富、知名度等来对待他，犹如中国俗语："先敬罗衣后敬人"。包恪廉说："判断一个人的好坏只凭外表，就像判断一本书的好坏只看封面一样，是错误的。……外表看去无足轻重的人，很可能是个大人物。十九世纪初叶，负责全大英帝国释放奴隶的英国政治家威伯福士，不仅身体瘦弱，而且个子矮小，外表一点也不吸引人。英国传记作家包斯威尔听过他讲话之后说：'开初看去，他好像是一只蛰伏在会议桌旁的小虾；可是当我听下去，他在我眼前开始长大，大到后来，变成一头大鲸鱼。'"⑥故此，雅各告诫信徒，不可凭外貌待人。

二 2　"如果有一个手戴金戒指、身穿华丽衣服的人，进入你们的会堂；又有一个衣衫褴褛的穷人，也进去了"　雅各为了具体说明他的指控："不要再凭外貌待人"，他就用了以下一个例子，记载在二章二节至七节。

在解释这个例子之先，有几个问题需要处理，问题包括：（一）这个例子是真实情况抑或是虚构故事？（二）经文中提到的"会堂"到底是什么地方？（三）经文提及的富人和穷人是否都是基督徒？

首先，雅各要举出例子来，证实他对这些"弟兄们"（二 1）的指控，说他们是"凭外貌待人"。雅各为了支持所指控的事有理，他应该引用实在发生的情况来说明。有解经家则认为这只是个虚构故事而已，⑦不过用虚构故事来指责信徒犯错，是很难令人信服的。"不应该……"这句命令语，原文就有"不要再……"的意思，表示要"停止"这样做。

其次，"会堂"是指什么地方呢？"会堂"（synagōgēn），是"聚会"的意思，引伸为"聚集的地方"（place of gathering），可以是指宗教崇拜场

---

⑥　包恪廉，233。

⑦　认为是虚构故事的有 Davids，Burdick。但 Easton，The Anchor Bible，Moo，Adamson 等人则认为是真实情况。

地,亦可以指任何集会的地方。⑧ 许多释经学者都认为这里所指的会堂,是"基督徒聚会的地方"。⑨ 这是由于 synagōgēn 这字,在圣经中通常是指宗教性集会的地方,例如"犹太人会堂";而使徒时代,许多犹太人也信了主,他们仍然到会堂聚会(徒九20,十三5、14、42,十四1等)。

但是我们很难想象,在基督教会中有这样(雅二2~3)的事情发生,尤其是许多解经家都认为例证中的富人和穷人都是这个教会的新来宾,因为自己会友知道找自己的座位;而新来宾则在踟蹰之间,迎宾便上前来,安排他们的座位。还有,假如一章一节所说的"散住各处的十二支派",乃是经历患难逼迫,逃到外地的犹太人基督徒,他们曾经有"凡物公用"、"彼此相爱"的见证,叫许多人信了主,一旦到了外地,团结性和同族相助的心理应该很强才是,故此,在基督徒集会中有这样的现象是不可思议的。

从二章二至十三节经文中,有好几个词语出现,给我们很有用的线索,去确定这里的会堂是什么地方。在第四节,雅各说完这个例证之后,用修辞式问句⑩来总结他的指控:"这不是你们对人有歧视,成了心怀恶意的审判官吗?"第六节提及"拉你们上法庭",第九节说"裁定你们是犯法的",十二节说"……受审判",十三节说"怜悯胜过审判"等等。这些词句再三出现,都是与法庭上审讯情况有关的,令我们想到,这段经文中的"会堂",很可能是指"法庭"而言。而按照本段经文的情况看来,是个"教会法庭"(参林前五4,保罗论及信徒中有人犯淫乱的事,教会法庭便应处理。保罗说:"你们聚会〔synagō〕的时候")。

这个突破传统的观点,可以得到圣经和犹太拉比著作的支持。圣经常常把"按外貌待人"与"审判"的观念放在一起,并警告法官不要偏心待人(参申一17,十六19)。上帝是公义的,他不以貌取人(参申十17;罗二11;徒十34;彼前一17等)。拉比 Ishmael 在解释申命记十六

---

⑧ 例如:启二9和三9指撒但的附从者的集会。

⑨ Oesterley,Mayor,Ropes,Dibelius,Moo,Adamson 等。Adamson 更认为 Synagogue 这字用来描述基督徒聚会的地方,证实这封信属于早期作品(p. 105)。不过他指出,在五14也用了"教会"(ekklēsia)这个词。这样,他就显然自相矛盾了。不过笔者认为这里的"教会",是指信徒群体,是指人。"会堂"是建筑物。

⑩ 修辞式问句(rhetorical question)就是提问者发出的问题之中已经预设了答案。

章十九节时说:"如果有两个人受审,一个是富有的,另一个是贫穷的。法官应当对富有的说:'你的衣裳应当跟那穷人一样,否则你要把衣裳给他穿,使他穿得像你一样。'"⑪另外一位拉比又说:"你不可容让其中一个诉讼人尽情倾诉,而对另一个说:'长话短说!'你不可让一个站,而让另一个可以坐。"⑫

　　这两段拉比著作跟雅各书二章二至四节的情况十分相似,若我们把句子重新排列,便可以有惊人的发现:

　　　　你坐在这好位上;

　　　　你站在那里,或说,坐在我的脚凳下边。

　　这两句话主要对比是"坐"和"站"。而拉比作品中说,让一个人站,另一个人坐,是"偏心待人"。在拉比主持的法庭中,诉讼人和被诉讼人都是"站"着的;法官是"坐"着的。⑬

　　说了这么多,为了要证实一件事情,就是本段经文举出的例子,其实是在当日的"教会法庭"中发生的。这个"法庭"的地方,在安息日是用来作宗教集会之用,是犹太人的会堂。在平常的日子,可以用来举行诉讼之用。保罗亦曾经在会堂中受审讯和拷问(徒廿六 11)。会堂亦可用作小区活动中心,作学校用途、图书室等等。⑭

　　最后一个先决问题,是经文中的富人和穷人的身份,他们是否都是基督徒。如果我们把这段经文的故事背景,看作是在会堂中举行的一次法律诉讼会议,那么雅各在这里提及的两个人,就不是一般会众,或是在法庭旁听的人,而是牵涉诉讼双方的当事人。这两个人是否基督徒,并不是问题,但肯定是犹太人小区的一员。雅各所责备的弟兄(二 1、5),是代表了所有偏心待人的信徒。

---

⑪ Midrash Roboth. English translation by A. Cohen (London,1938). 又参看 Roy Bowen Ward,"Partiality in the Assembly: James 2:2 - 4," *HTR*,62(1969),87 - 97.

⑫ Sifra. English translation by C. G. Montefiore and H. Loewe, *A Rabbinic Anthology* (NY, 1938), note 1028.

⑬ 参看 Sheb. 30a.

⑭ 有关会堂的来历和用途,请参阅 ZPEB,5:554 - 558。又看约翰福音中那个瞎子蒙主耶稣医治之后,竭力为耶稣作见证,官长就把他赶出会堂(约九 22、34 - 35)。不仅是从会堂那个地方赶出来,更是逐出小区的保护和夺去他的一切福利。

现在让我们回头来讨论经文的内容。"如果有一个手戴金戒指、身穿华丽衣服的人，进入你们的会堂；又有一个衣衫褴褛的穷人，也进去了"，关于这两个人的描述，第一个人是衣饰华丽、手戴金戒指，显然是在社会上有地位的人。第二个人除了描述他衣服破旧之外，也说他是个"穷人"（ptōchos），下文再次用了这词三次（三、五、六节）；而"富人"（plousios）只用了两次（五、六节），其中一次却是用在那个穷人身上，说他是"在信心上富足"的人。因此我们可以推断，雅各写信的对象，是社会中低下阶层的犹太人信徒。

二 3　"你们就看重那穿华丽衣服的人"　"看重"（epiblepsēte），表示尊敬，恭恭敬敬地接待。

"请坐在这好位上"　原文是 sy kathou hōde kalōs = you sit here please，Kalōs 是个副词，所以不是用来形容位置或座位的"好"，却可以说是"坐得舒服"的座位。奥特理（Oesterley）认为本段经文的背景是指崇拜聚会，而这个"好座位"是指一个特别预留的位置，给教会的长老或有名望的人。[15] 但是假如教会或会堂真的设有这些座位，就是整个教会制度上的失当，不能责怪接待员把这个座位给予衣着华丽的人。笔者认为 kalōs 这个副词，最好译为"请"（please），就如现代中文圣经译为"请上坐"；当代圣经更强调客气热情的款待："请上坐，请上坐！"

"又对那个穷人说：'你站在那里。'或说：'坐在我的脚凳下边'"假如这段经文的处境是教会聚集，从说话者的用词来推断，他不可能是接待员，因为接待员是站在门口迎宾，这样，"坐在我的脚凳下边"的说话，便没有意义了。因为他既"站"在门口迎宾，怎么可以叫那个穷人坐在他的脚凳下边呢？他站的地方哪里有脚凳呢？故此，另一个可能就是说话的人是会众之一。当时他已经坐着，有自己的座位。他看见这个富人进来，便站起来，毕恭毕敬地让出座位，请这位贵客坐在自己的位子上，说："请坐、请坐！"跟着，那个穷人进来了，这个刚让了座位给那衣饰华丽富人的会友，随即向他用手一指，指向远处，告诉他站在那边；要不然，便坐在他座位下边的脚凳上。不过，若仔细想想一下，这个会

---

⑮ Oesterley, 437.

友刚才为了讨好贵客,把自己的好位子让了出来,而现在竟然"招呼"一个衣衫褴褛的人,坐在这位贵宾的脚下,那是多么尴尬又难以想象的一件事! 当然,还有第三个可能性:二章三节的"你们"是复数代名词,故此,可能是某甲让座给这位贵宾;某乙坐在另一边,吩咐那穷人站在一边,或是坐在自己的脚凳下边。可是,这两种代替性的选择,毕竟是情况太过悬殊了。"你站在那里",是远离自己的一个地方;"坐在我的脚凳下边",却是这么接近自己,连这个衣衫褴褛的人身上的气味都直刺鼻孔,简直会令他坐立不安! 故此,这番话既不可能是接待员(或是迎宾、招待员)说的,也不可能是在座中的会友说的,那么,这番话很可能是"教会法庭"中的审判官说的!

解释这番话的关键,就是"脚凳"到底是什么东西? 在圣经的用词当中,"脚凳"通常是指君王宝座的脚凳。君王的宝座,做得高高的,这样,他坐在上边,有"居高临下"的威仪。这样的座椅,就需要有一张脚凳,让君王的双脚可以摆放,坐得四平八稳。在圣经中,"脚凳"一词用了十六次,只有一次是照字面用:就是指所罗门王的宝座,脚凳是用金子造的(代下二 18)。其余十五次,包括这里雅各书的用字,都是用作借喻来看的。这种借喻的用途,包括以下几种情况:[16]

(一)"地是上帝的脚凳":赛六十六 1;太五 35;徒七 49。

(二)约柜是上帝的脚凳:代上廿八 2。

(三)圣殿是上帝的脚凳:诗九十九 5,一三二 7;哀二 1。

(四)敌人要在弥赛亚君王面前下拜、称臣:诗一一〇1;太廿二 44;可十二 36;路二十 43;徒二 35;来一 13,十 13。

(五)审判官的座位:雅二 3。[17]

因此,在比较上列第(四)项和第(五)项之时,我们发觉在雅各书二章三节中,说话的审判官是个偏私的法官,正如第四节,雅各说他是个"心怀恶意的审判官"! 因为审讯还未开始,诉讼双方进入会堂,法官一见这位衣饰华丽的人进来,便请他"坐"下;看见衣衫褴褛的人进来,便

---

[16] 见 ZPEB 2:588.

[17] Kistemaker,76 却认为这段经文是指会堂宗教聚会中的椅子。"用脚凳一词,显示好座位的凳子是高一些的。"又参看 Adamson,106.

吩咐他"站"在一边。按照拉比的教训,这法官已经犯了偏私之罪(参阅上文引述的拉比著作)。还有更严重的罪行,就是他竟吩咐那穷人,"坐在我的脚凳下边!"把他看作敌人、是失败的"败诉者",要他在自己面前下拜认罪(参阅上列第(四)项之经文)。而这个"坐"字,是带有嘲弄意味的:要坐嘛,就坐在我的脚凳下边吧!

雅各用了"教会法庭"中丑陋的一幕,指责他的读者,是按外貌待人。他们如同心怀恶意的法官,对进入会堂要求诉讼的双方当事人心存偏见。他们礼貌地招呼那衣饰华丽的人;却凭衣着判定那衣衫褴褛的穷人有罪。据说宋朝苏轼(东坡)常喜访问古刹。一次苏轼来到某处古庙,主持不认得苏轼,便待他简慢。等到知道他的身份之后,马上改变态度,热情款待。后来主持更向苏轼索取题字,以增古庙光采。苏轼便当场写了一首对联:"坐,请坐,请上座;茶,泡茶,泡好茶。"短短几个字,苏轼把主持前倨后恭的小人嘴脸,描绘得淋漓尽致。[18]

二 4　"这不是你们对人有歧视,成了心怀恶意的审判官吗?"　雅各在结束这个例证之时,用了一句修辞式的问句[19]:"这不是?"和合本作"这岂不是",意思较为清楚。希腊文的问题句子,若是用 ou("不")来发问,则期待听者同意他的问题。若是用 mē(也解作"不")来发问,则期待听者不同意。这里用的"不"字,是 ou,所以这个问句,听者不必回答问题,心中已经知道,雅各是指证他们真的对人有歧视,是心怀恶意的审判官。

"你们"　原文是"在你们中间",意思是(一)指整群人;(二)指你们心中。从"对人有歧视"(diekrithēte)这字看来,似乎第(二)种解释较为可取。"歧视"这个字,原文是由 dia(分割)和 krinō(判断)两字合成,意思是这个人的心意是分割的。雅各指责他们心中已经把这两个人加了"标签":衣着华丽的那个人是"好"人;衣衫褴褛的那个人则是"坏"人。

"心怀恶意的审判官"　属格"心怀恶意的"这个词,是质素属格,表示这个官的性格:是个偏心的官。"审判官"(kritai)这个字与"歧视"

---

⑱　转引自何文革、曾国扬合著,《名人妙句》(香港:明窗出版社),66。

⑲　修辞式问句,见本章注⑩。

(diekrithēte)这个字,在原文是同属一个字根 kri-。雅各在这里做些
"文字游戏"。"成了"(egenesthe)这个动词是个已往时态(aorist),表
示引致某一结果的起始,意思就是:他既然惯于这样只凭外貌便可以断
定某人是个怎样的人,他这种行为就使他变成了一个心怀恶意的审判
官了。

二5 "我亲爱的弟兄们" 这里不是开始另一个主题,而是促使
读者留意,雅各指出偏心待人是不对的。

"请听" 原文是 akousate,这字在原文是放在句首,有强调和警告
作用:"听着!"这字的用法,跟雅各在耶路撒冷大会中的陈词语气十分
相像:"弟兄们,请听我说!"(徒十五 13、14)雅各跟着再用三个修辞式
问句,指出他们"凭外貌待人"是不对的。

(i)上帝拣选世上的穷人(二5~6a)

二5 "在世上被认为贫穷的人" "在世上"这句是"关系性间接
受格"(dative of reference),意思是"在世人的眼中来看","从世人的
价值观来看"等等。世人只看外表,例如金钱财富、洋房汽车、衣着首饰
之类来决定某人是穷是富。早期教会的信徒,大多是社会低下阶层的
人士(参林前一 26~29),所以雅各说上帝拣选在世人眼中看来是贫穷
的人。

"这些人却在信心上富足" "在信心上富足",与上句来比较,同样
是"关系性间接受格":从信仰的角度来看,他们是富足人。这里译作
"在信心上富足",可能令人误解这些人有"丰足的信心"。但是这两句既
然是互相作出比较,那么上句是"在世人眼中看是穷人",下句便应该解
作"在信仰的角度看是富人"。

"而且是承受上帝的国的人" 这些穷人在世上本来一无所有,但是
成了基督徒之后(信心是成为基督徒的条件),便为天国的子民,是上
帝的儿女,是天国的承受者。耶稣在登山宝训中,提及门徒承受上帝的
国(太五 3;参太二十五 31~34),承受土地(太五 5)。

"这国是上帝应许赐给爱他的人的" 和合本把问号放在这句的末
了,这样比较容易分辨出三句修辞式问句,是有可取之处。雅各强调上

帝的国是"上帝应许赐给……"，参看马太福音廿五章三十一至三十四节，在那段经文中，耶稣提及："蒙我父赐福的，来承受创世以来为你们预备好的国吧"。这富足不是从物质方面来看，而是从属灵的角度来看。雅各并不是说：上帝把天国赐给穷人，只是因为他们是穷人。若上帝只拣选穷人，上帝也是偏心，也是凭外貌待人了！ 其实上帝的国是赐给一切"爱他的人的"，不论是贫是富。然而，钱财常常是拦阻人认识上帝的绊脚石（参太十九 23～24；可十 23～25；路十八 24）。

二 6a "然而你们却侮辱穷人" "然而……却"这句话，在原文是放在强调位置：你们竟然与上帝的观点相反。和合本用"反倒"这词，较能表达原文的意思。"侮辱"是轻视、看不起、不尊敬的意思（参上文第三、四节）。这个字有时亦用来形容比较严重的侮辱行为，包括拷打、凌辱（路二十 11；徒五 40～41）。上帝抬举贫穷的人（见诗一一三 7），你们竟然反其道而行！

（ii）富人往往是压迫者（二 6b）

这是第二个修辞式问句：

二 6b "其实，那些欺压你们，拉你们上法庭的，不就是富足的人吗？"

"其实" 原文没有这个词，也没有必要加上这个词，因为雅各在这里是要发出第二个问题："那些……吗？"

"那些" 泛指有财有势的人。在初期教会时代，信主的犹太人多数是底层人士，只有少数是有钱财有地位的人（例如：税吏马太、尼哥底母、亚利马太的约瑟：见太廿七 57；约十九 38。此外，还有一些尊贵的妇女：见徒十七 4 等）。

"欺压" 这个动词在新约经文中，只有这里和使徒行传十章三十八节用过，是使用力量去控制人的意思。"欺压"的具体例子，可参看雅各书五章四至六节。

"拉你们上法庭" 原文在这句之前有"就是他们"（kai autoi = and they）一句。雅各为了强调描述富人欺压穷人的情况，说："就是他们亲手拉你们到法庭"。

　　"法庭" 原文是 kritēria＝lawcourt, tribunal（参林前六2）。按上文所说的情况，犹太人公会可以处理一般民事诉讼，有关抵触宗教法在日常生活中的条例等等。昔日亚该亚省的总统迦流，不肯受理保罗的案件，叫犹太人自己去审问（参徒十八12～17）。

(iii) 那些富人是不信主的(二7)

　　雅各现在提出第三个问句：

　　二7 "难道不是他们亵渎那召你们的尊名吗？"

　　"他们" 这个代名词放在句首，是强调的位置，指富足人。

　　"亵渎" 毁谤、恶言恶语（参西三8；多三2；彼后二11）。

　　"那召你们的尊名" 原文是 to kalon onoma to epiklēthen eph hymas＝the good name that called on you，而 to epiklēthen eph hymas 是一句旧约常用的希伯来词组（参阅七十士译本中的申二十八10；民六27；代下七14；赛六十二2，六十三17；耶二十五29）。这句子的形式就是："被称为耶和华名下的人"（申二十八10）。这尊名就是基督，是每一个信主的人公开承认的。罗马书十章九至十三节正好是为雅各书二章七节作出注解：

> ⁹你若口里认耶稣为主，
>
> 　　心里信上帝使他从死人中复活，就必得救；
>
> ¹⁰因为心相信，就必称义，
>
> 　　用口承认就必得救。
>
> ＊＊＊＊＊＊＊＊＊＊＊＊＊＊＊＊＊＊＊＊＊＊＊
>
> ¹³因为凡求告主名的，都必得救。

　　在罗马书十章十三节的那句"凡求告主名"，就用了一个主动式的动词：求告主名。而雅各书这里所用的是被动式动词：被你们求告的尊名。新译本把另一种译文放在脚注："毁谤你们蒙召的美名吗？"这译文便会解释为"基督徒"的名字。参看现代中文译本译作"你们所领受那尊贵名称"，故此也是指基督徒而言。新译本正文的译词及和合本的译文，比较能准确地反映出旧约用词的原意，与新约时代的信徒要公开承认基督的名的情况符合。

"尊名" kalon 这个字可以解作尊贵(honourable)，但雅各在这里似乎是要表达"良善"(kalon，可以解作良善)，叫读者联想起上帝是良善的。耶稣基督是神，他是良善的。而且在下一句雅各提到"要爱人如己"的诚命，而耶稣跟少年官的谈话中，少年官就称呼耶稣是"良善的夫子"。这些句子的出现，相信并非巧合(参太十九 16～19；可十 17～19；路十八 18～20)。

雅各用了三个修辞式的问句，指责读者与上帝的属性背道而驰，他们是不义的、偏私的法官。在下面，雅各进一步叫他们要准备面对上帝公义的审判。

(II) 上帝审判人的法则(二 8～13)

8 你们若照着圣经所说"要爱人如己"这话，去完成这至尊的律法，你们就作对了。

9 如果你们凭外貌待人，就是犯罪，律法就要裁定你们是犯法的。

10 因为凡是遵守全部律法的，只要在一条上失足，就违犯所有的了。

11 就像那说"不可奸淫"的，也说"不可杀人"；你纵然不奸淫，却杀人，还是犯法的。

12 你们既然按着使人自由的律法受审判，就应照着这律法说话行事。

13 因为对不行怜悯的人，审判他们的时候就没有怜悯；怜悯胜过审判。

雅各接续这个题目，又用另外一个例证，指出按外貌待人是不对的。在上一段经文，雅各指出他们在会堂进行诉讼时，偏心善待衣裳华丽的诉讼者；却轻视贫穷的与讼者，甚至认定他是有罪的。富人是诉讼者："拉你们上法庭的"(参第六节)；穷人是被诉讼者(即被告)："坐在我的脚凳下边"，等于说他是有罪的(见上文第三节注释)。岂不知这些被人看不起的人，原来是上帝国度的子民，是承受上帝国度的"富足人"！

现在雅各在八至十三节引用律法，特别是"十诚"中的道德律，说明按外貌待人是不对的。

基斯麦(Kistemaker)认为，这段经文是雅各在向质疑者作出回答。⑳ 这个质疑者是个犹太人基督徒,他对雅各在前文所说的一番话未置可否,认为雅各只是用逻辑推理,想去说服读者。他要求雅各拿出圣经的教训为根据。不过基斯麦的推测没有什么根据,按照雅各从前文引伸到现在的论述,并无任何具体迹象看出他在回答一个假想人物的质疑,况且这种假想也没有必要的。

二8 "你们若" 原文 ei mentoi = if indeed,解作"无论如何"。㉑在原文这词是放在句首的,显示雅各要转变另一种方式来讨论问题。这里第八节和九节两句话是相对的。在原文用了 ei mentoi ... ei de的句子结构,译成中文就是:"无论如何,如果……可是,如果……",表示正面肯定语气和提出不同意的地方。

八节　你们若照……"<u>要爱人如己</u>"……<u>完成律法</u>……<u>对了</u>。

九节　如果你们<u>凭外貌待人</u>……<u>律法就要裁定你们是犯法的</u>。

我们把这两句排列出来,并参照下文,便可以看出雅各在这里是要鼓励读者,要遵守"爱人如己"的教训。这句"爱人如己",特别提醒他们要爱那个穷人(二节)。继而责备他们,若果像上文二至三节那样轻视穷人,就是没有遵行"爱人如己"的诫命。而"凭外貌待人"这句话,在二1和二9都是指轻视穷人而言。

"去完成这至尊的律法" "去完成"(teleite),有彻底遵行的意思。"至尊的律法"(nomon basilikon, basilikon),这字可解作"属于王的"。按照上文提及的"教会法庭"审讯情况来看,审判官偏私,轻视穷人,不按公正审理案件。现在雅各训勉他们,应该按"属王的法律"去审问。㉒而"爱人如己"是上帝所颁的律法的总纲。㉓

"你们就作对了" 是"作得对"的意思。这是一句肯定、勉励人去做的话(参彼后一19)。

---

⑳ Kistemaker,80;Ropes,197.

㉑ Moo,93;Ropes,198.

㉒ Ropes,Mayor,Tasker,Ross,Burdick,Lauski 等解经家,皆同意将 Basilikon 这字译为 Royal(属王的)。

㉓ 被誉为"金律"(The Golden Rule)的经文,见太廿二37~40;可十二29~31;路十25~28。耶稣基督称上帝颁布律法的总纲,就是"爱上帝和爱邻舍"。基督徒是天国的继承人(雅二5)。"属王的律法"乃是给天国子民作生活指引的。

二9 "如果你们凭外貌待人，就是犯罪，律法就要裁定你们是犯法的" 这句话与二8是互相呼应的。上句是指出他们应该做的事："要爱人如己"。现在雅各责备他们作了不该作的事："凭外貌待人"。

"就是犯罪" 在这里的译文，中文这个"犯"字是看作动词的。希腊文字根 erg-是"工作"，动词解作"做"（do，practice）。所以这句"就是犯罪"的意思是："当你凭外貌待人的时候，你所行所做的就是罪"，如同上文第二、三节的行为是一种"罪行"。

"律法就要裁定你们是犯法的" Hypo tou nomou，这个介系词 hypo[24]（被、藉着）的用途，表示这句话中的"律法"（tou nomou = the law），是审判者，把律法人格化："律法"如同审判官，坐在审判席上宣判你的罪状。这里的律法，是指"要爱人如己"这条"王法"（见上文第八节）。当你按外貌待人之时（轻视、侮辱、屈枉穷人），就不会是"爱人如己"；那么，这条律法便定了你的罪。

二10 "因为凡是遵守全部律法的，只要在一条上失足，就违犯所有的了" "因为"，是要解释为什么"凭外貌待人"是触犯律法。雅各的立场，看"律法"是一个完整的实体。"全部律法"，指整部律法。"爱人如己"的律法，原文的"人"字是邻舍的意思。耶稣在世上工作的时候，律法师曾经向耶稣问难：谁是我的邻舍呢？（参路十25~37）故此，在犹太人的心中，"邻舍"是有选择性的，并非每个人都是我的"邻舍"。这种"爱我所爱、恨我所恨"的看法，主耶稣认为并不符合上帝儿女的身份（参太五44~48）。

"遵守" 原文是 tērēsē = keep，to keep watch upon，guard，中文译作"遵守"，在意思上是有矛盾的。既然是"遵守"了，怎么会"在一条上失足"呢?若是译作"看守"较合原意。犹太人是上帝律法的监护人（参罗三1~2），他们有责任看守所有、全部律法，只要疏忽了其中一项，看守不住，便令律法不整全了，亦便是"犯了"所有的。"犯了"（enochos = against），因为他的失职，使律法有所残缺。这个人不守住"爱人如己"这条诫命，去按外貌待人，轻视、侮辱、屈枉穷人。虽然他守住其他诫

---

[24] Hypo 这个介系词的意义，请参阅前文一13注释。

命，也算是犯了"全部律法"。耶稣昔日责备犹太人拿了钱财到圣殿奉献，却不供养父母，是犯了律法（参太七9～13）。

"失足"　是疏忽、看守不住、抵触律法。

二11　"就像那说'不可奸淫'的，也说'不可杀人'"　"就像那说"（ho gar eipōn = for the one who says），应译为"因为那一位说"，是指上帝说话。雅各在这里继续他的论点，说明律法的整全性，一点一画也不能废去（参太五18）。"也说"，即是说：上帝颁布"不可奸淫"这条诫命；上帝亦颁布了"不可杀人"这条诫命，是同一位上帝。引伸而言，所有诫命都是这一位上帝所颁布的。人若犯了其中一条，就是得罪上帝。我们不能说犯了这条才算得罪上帝；犯了那条不算是得罪上帝。雅各用了这个推理来说明律法是整全的。下文在四章十二节，雅各更说："立法的，审判的，只有一位。"

雅各选取十诫中这两项："不可奸淫"和"不可杀人"（出二十13、15；申五17），大概是回应耶稣在山上宝训提及的这两项诫命（太五21、27）。虽然在雅各写这书信的时候，还未有马太福音面世，不过耶稣的教训已透过使徒们的宣扬，逐渐为当日门徒所熟悉。㉕

"你纵然不奸淫，却杀人，还是犯法的"　不论犯的是哪一条，始终是犯了律法。这是基于上述两个论据：律法是整全的；颁布的律法虽然有许多条，上帝只有一位。

二12　"你们既然按着使人自由的律法受审判，就应照着这律法说话行事"　这节经文的上半段句子，按照原文的字句排列译为中文是这样的：

　　　你如此说，并且

　　　你如此做；

　　　好像你快要被自由的律法审判一样。

"就应照着……"　原文是放在句首，有强调的作用。这里的"说"和"做"都是现在式动词，表示仍继续进行的，说和做都是指律法而言。上文"不可奸淫"、"不可杀人"都是上帝所颁布的律法，是上帝"说"的（十一

㉕ 福音书在写成文字以先，是由使徒口传。

节"那说……也说")。信徒亦要说——宣扬、教导律法,同时也要去做,去实行。我们不应该说一套做一套,说的和做的要一致。

"好像" 原文 hōs 是副词,解作"与此相关地"(correlatively)。我们很快便会面对上帝的审判(参五7～8,"直到主来","主再来的日子近了")。上帝要用这套整全的律法、使人自由的律法(参前文一25注释)来审问我们。比方说:运动员在受训之时,是按着该项运动的裁判规则去练习,正式出赛之时,也是按照这种规则接受裁判。雅各在这里是说:我们快要面对上帝律法的审判,故此今日我们行事为人,也当按这规则而行。

二13 "因为对不行怜悯的人,审判他们的时候就没有怜悯;怜悯胜过审判" 这节经文首两句比较容易了解。不怜悯别人的,别人也不会怜悯他。耶稣说了一个不肯饶恕人的恶仆的比喻(见太十八23～35),就是最好的注解了。但是第三句:"怜悯胜过审判"则较为难明白。若将十三节按原文句子结构排列,中文译文会是这样:

　　　因为审判将会是无情的:对待无情的人;

　　　恩情将会远超过审判:〔对待有情的人〕。

我们必须加上括号内的字句,这些字句乃是按着文意加上去的,使整个句子意思完整易明。按照布连格(Bullinger)所说,这类句子属于修辞学上的"略去法"。㉖ 因此,这节经文的意思是:"因为对待不施行怜悯的人,他将会得到不带怜悯的审判;对待施行怜悯的人,怜悯就远远超越审判"。就是说:他会得到"法外施恩"的对待。当代圣经的译文,就反映了这句子的原意:"要知道不怜悯人的,必要受无情的审判。但如果你怜悯人,你就可以在神审判人的时候,得到更多的怜悯"。金口约翰说了一个比喻,解释"仁慈"如何在审判时帮助我们:"仁慈穿上神圣荣耀为衣,站在上帝的宝座旁边候命。当我们正要遭受定罪的危险时,她就站起来替我们求情,为我们的过犯辩护,用她的翅膀庇护我们。"㉗

总结而言,雅各指出,我们按外貌待人,轻视穷人,欺压穷人——这是无怜悯的行为。将来我们在上帝审判台前,也必定不会得到怜悯!这样,雅各总结了他所提出的第三个信心考验。

㉖ Bullinger, 54.

㉗ 金口约翰(John Chrysostom),cited by Gloag,and quoted by Vincent,353.

陆 信心考验之四：行动反映内心的信仰 （二 14～26）

现在雅各提出信心第四个考验：是否说一套，做一套。这"说"和"做"要一致，在上文十二节已经埋下了伏笔。前面第一章廿二至廿五节，雅各论到"听"和"做"；现在他论到"说"与"做"。根据 Watson 的研究，由第十四节开始，是另一篇希腊罗马式的辩论演词。

(I) 徒托空言抑或雪中送炭？（二 14～17）

14 我的弟兄们，人若说他有信心，却没有行为，有什么益处呢？ 这信心能救他吗？

15 如果有弟兄或姐妹缺衣少食，

16 而你们中间有人对他们说："平平安安地去吧！愿你们穿得暖，吃得饱。"却不给他们身体所需用的，那有什么用处呢？

17 照样，如果只有信心，没有行为，这信心就是死的。

二 14 "**我的弟兄们**" 雅各在这里开始另一个主题（参上文一19，二 1 注释）。

"**人若说他有信心，却没有行为，有什么益处呢？**" 原文首句是"有什么益处呢？"放在强调位置。"益处"在这里是指能否救他。雅各强调信心必须产生功效，才算是信心。这里说的信心，在本段经文中出现多次（见十四、十七、二十、廿四、廿六等节），是指信仰内容，是外表声称的宣告，是口头上的信心。① 而行为是上文所指的行怜悯（十三节）、爱人

---

① 根据雅各书所提出的信仰内容（pistis），可以归纳如下：上帝是独一的；这位独一的上帝在律法上已显明他的旨意；他会按照所启示的真理，在末时审判万民；根据人是否遵行律法而决定人得救或受永刑；基督已经把上帝的律法教导人；基督将会再来主持审判。而雅各特别关注的，是要遵守律法（行道），人才可以显出他有得救的信心（信仰）。参阅 M. Lauteuschlayer, "Der Gegeustaud des Glanbeus im Jakobusbrief," *Zeit Theol. Kirch* 87 (2, '90), 163 – 184.

如己(八节)；还有下文所说的，把衣服食物给予有需要的弟兄姊妹(十六节)。使徒保罗固然是强调因信称义，人得救完全是恩典(弗二 4～10)；可是他亦强调，有了得救信心的人，要在行为上见证出来(弗四 1；保罗在以弗所书第四、五、六章，详细讲论生活行为的见证)。由此看来，雅各和保罗并非"各执一辞"。他们都是耶稣基督的使徒，传讲他们老师的信息：信心与行为并重。"如果你想要知道个别的人物，究竟相信什么，他们的世界观究竟是什么，那你与其听其言，毋宁察其行"。②

"这信心能救他吗？" "信心"这个字前面有冠词，所以，"这"信心是指一种只凭口说的信心，在聚会中念诵的"信经"。雅各不是说信心不能使人得救，乃是说自称有信仰而没有信心果子的，不能算是得救的。犹太人素来相信守律法可以得救。信心使人得救(sōsai)、进入上帝的国；而 sōsai 这个字，亦指向将来末日大审判之时，能够顺利过关。③ 雅各在此是强调审判的时刻(一 21，四 12，五 20)。而上文亦是论到上帝将来的审判。

奥特理引述两则拉比的话，可兹佐证：④

"今生行善的，这善行在来世会领他继续前行"(Sota，3ᵇ)。"Mar Ukba 临终时，计算一下他的账目，大约有七千个"舒心"(zuzim，指慈善捐款数目)。他便惊而大叫：'太少了，太少了！'因为他认为这笔捐献款项，不足以保证他在上帝面前可以得救称义，所以他把财产的一半送给穷人，好叫他能死得安心"(Kethu both，67ᵇ)。

雅各发问："能救他吗？"所用的词 mē，已经表示这种信心是"不能"救他的。

二 15 "如果有弟兄或姊妹缺衣少食" 在新约经文中，只有这里在提及弟兄之时，亦提及姊妹。"缺衣少食"这句话，原文是身体赤裸并且缺乏每日所需的食物。和合本作"赤身露体"。布连格认为这是"举

---

② 沃纳，《战胜黑暗》，24。
③ G. Z. Heide, "The Soteriology of James 2:14," *Grace Theol. Journ.* 12(1, '91), 69 - 97. Heide 认为 σωζω 是指得救、永生(eternal salvation)。
④ Oesterley, 443.

一反三"的比喻用法，用来形容一个人衣不蔽体，或是只有里衣、内袍。⑤ 他们连那件可以拿去典当或作抵押品的外袍都没有了（参太五40；申二十四12～13）。"少食"，和合本作"缺了日用的饮食"，指他们没有当日所需要的食物，故此是十分急切的需要。这个弟兄或是姊妹，已经一日一夜没有半点东西吃进肚子了。

二16　"而你们中间有人对他们说：'平平安安地去吧！愿你们穿得暖，吃得饱。'却不给他们身体所需用的"

"平平安安地去吧"　这句话是希伯来人惯用的告别语。这句告别的祝福，通常附带有保证行动。例如约拿单向大卫保证，他们所作的兄弟之盟，仍然有效，并且起了誓，然后向大卫说："平平安安地去吧"（参撒上二十42）。腓立比的狱卒信了主，并且请示了上司，可以把保罗、西拉二人释放出监。他保证这次释放是合法的，告别之时亦说："平平安安地去吧"（徒十六36）。不过雅各书这里，使徒雅各是责备这些口惠而实不至的人，只说些漂亮的话，却没有行动的保证。也许说这话的人很有信心，认为上帝会供给这个缺衣少食的肢体，但是雅各认为这种信心是不切实际的。

"那有什么用处呢？"　这句话是回应上文十四节的"有什么益处呢？""用处"和"益处"，原文都是 ophelos。这益处或用处，不但对说话的人没有加添什么好处：在末日审判之时，他仍然要受到无怜悯的审判；对缺衣缺食的肢体，更是"好听的废话"而已：他并不因你所说的话，身体会暖，肚子会饱，他反而更觉得人间冰冷。

二17　"照样，如果只有信心，没有行为，这信心就是死的""照样"（houtōs），就是上文所说，口中安慰人，却没有行动，不能使缺乏的肢体得益。同样道理，没有行为的信心，是死的。雅各不是否认信心的地位，他是说这个人的信心不是活的信心，而是死的信心。原文是

---

⑤ Bullinger，637. 根据这个释经原则，当日扫罗受灵感，脱了衣服，露体躺卧，乃是说他只是脱了外袍而已（撒上十九24）。而阿摩司提及最有胆量的勇士，必赤身逃跑，是指军兵弃甲而逃。而新约提到有一个少年人（马可?）赤身披着一块麻布，跟随耶稣，官兵要捉拿他，他却丢了麻布，赤身而逃。这是说少年人只穿里衣，把麻布作外衣而已（可十四51～52）。同样道理，彼得打鱼之时赤着身子，当他知道复活的主显现之时，就束上一件外衣，跳到海里，走到岸上。彼得大概是只穿内袍打鱼的（约廿一7）。

nekra estin kath' heautēn：it is dead by itself，不能产生果效的信心，
是死的信心。

（II）信心引导出行为的回应（二 18～26）

18 也许有人要说，你有信心，我有行为；请把你没有行为的信心指给我
　　看，我就藉着我的行为，把我的信心指给你看。

19 你信上帝只有一位，你信的不错；就连鬼魔也信，却是战兢。

20 愚昧的人啊，你愿意知道没有行为的信心是没有用的吗？

21 我们的祖先亚伯拉罕，把他的儿子以撒献在祭坛上，不是因行为称
　　义吗？

22 你看，他的信心与行为是一致的，信心就因着行为得到完全了；

23 这正应验了经上所说的："亚伯拉罕信上帝，这就算为他的义。"他也
　　被称为上帝的朋友。

24 可见人称义是因着行为，不仅是因着信心。

25 照样，妓女喇合接待了探子，又从另一条路把他们送走，不也是因行
　　为称义吗？

26 身体没有灵魂是死的，照样，信心没有行为也是死的。

　　雅各在上文说到信心"口讲无凭"，必需付诸行动，才可以显出有效
的信心。现在，他要引证他的论点。他先陈述信心与行为要并重的原
则（十八节），继而列举个案为例证（十九至廿六节）。

（ i ）信心与行为并重（二 18）

　　二 18　"也许有人要说，你有信心，我有行为；请把你没有行为的
信心指给我看，我就藉着我的行为，把我的信心指给你看"　这节经文
在解释上甚为困难，因为原文没有标点符号，所以"有人要说"的内容是
什么，在这节经文中，他是说了一句呢？还是两句、三句……？另一个
问题就是：这个说话的人是谁？解经学者对上述两个问题，就有许多不
同的猜测。

　　首先，"也许有人要说"，这个人是谁呢？这个问题便有三个不同的看法。

　　(一) 他是个支持雅各的人(我们暂且称他是"某甲")。某甲说话的对象是上述那个"只说不做"，自称是有信心却没有行为的人(我们在这里称他是"某乙")。某甲接着雅各在上文的论证，向某乙再加以申斥。某甲说："你(某乙)有信心，我(某甲)有行为。请把你没有行为的信心指给我看，我就藉着我的行为，把我的信心指给你看。"⑥这种解释最大的长处，乃是把代名词处理得前后一致。"你"是指某乙；"我"是指"某甲"。然而，唯一的困难是本句开首的一个字："然而"、"不过"(alla = but，新译本作"也许"；和合本作"必"，都不能把这个字的用意表达出来)。Alla 这个字，通常是用来表达相反意见的(参林前十五 35 及保罗在多处经文中使用这个字作反对式的辩论)。但是某甲的说话，却是与雅各的言论一致。所以这个人不会是支持雅各的人。

　　(二) 他是个反对雅各的人(某丙)。这个人怀疑雅各所说的信心。根据这个见解，某丙只说了一句话，而且是向雅各发问的："你有信心吗？"然后雅各回答说："我有行为。请把你没有行为的信心……我就藉着……指给你看。"⑦这个解释叫人觉得，雅各答非所问，而且"我有行为"这一句，前面有"而我"(kai egō = and I)这个词，这个词不能用来作回答句的引子，所以这个解释也不能成立。

　　(三) "你"和"我"代表两类人。一类人只满足于有信心，另一类人只满足于有行为。句子的标点符号就会是这样：也许有人(某丁)要说："你有信心，我有行为"，表示河水不犯井水，各人拥有自己的看法，互不相干。你有信心(而没有行为，不要紧)；我有行为(也不错，你也不要批评我，我也不批评你)。这样一来，大家和和气气，不争闹、不批评。⑧按照这个见解，这个人(某个)是突然站出来，想要做个和事佬，调停雅各与其他人的争论。不过按照经文语调的发展，雅各一直站在使徒的权柄地位上说话，直率、有力。雅各并不需要一个假想的仲

---

⑥ Mayor，99 - 100；Adamson，124 - 125，135 - 137.

⑦ Hort，60 - 61.

⑧ Moo 采纳这个见解，104 - 106。

裁者!

对于这节经文的解释,笔者认为可以从这节经文的结构找到一点关键,现先尝试把经文重新排列出来:

然而(alla)有人(tis)会说:

你有信心; ──────→而我(kai egō)有行为。

请把你没有行为的信心 指给我看; 而我(kai egō)就会藉着我 的行为,把……指给你看。

按照这节句子的结构,是互相比较对应的。我们可以观察到两个重要的提示:

(一)"然而有人",这个人是谁呢? 在上文十四节找到一个线索:"人(tis)若说他有信心"。十四节的"人"和这里十八节的"人",原文都用了tis(= some one)这个字。再者,在十六节:"而你们中间有人(tis)……",这个人也是 tis。我们有理由相信,十四节和十六节,都是同一个人,或者是采纳同一意见的人,就是那些有信心无行为的人、只说不做的人。雅各在十八节把另外一个人介绍进来(alla erei tis = but someone will say),这个 alla,表示这个人与上述十四、十六节的"人"持不同意见,是另外一类人。

(二)这个人是站出来反对十四、十六节的那个(些)人的。这样,上述第一个解释中的难题便可以解决了。第十八节这个人,不是雅各的"自己人",或他的同工;而是在读者当中的一些人。雅各是说,你们当中并不是每个人都是只说不做的;现在就有人站出来反对你们的见解了。跟着,雅各在下面引证一些个案,补充这点。

(ⅱ) 鬼魔在信心上的回应(二 19～20)

二 19 "你信上帝只有一位,你信的不错;就连鬼魔也信,却是战兢" 这句开始时的"你",仍然是指那个"只说不做"、徒托空言、自称有信心的人。

"上帝只有一位" 根据旧约申命记六章四节,犹太人祷告经文(Shēma),宣告独一上帝的观念。耶和华是独一的真神,这是正统的信仰。威士各(Westcott)和何特把这句当作发问句子:"你信上帝是一位吗?"⑨但奥特理则不同意,认为是直述句子。按照文理推断,绝大多数译本将之作为直述句。⑩

"你信的不错"   在上文第八节译作:"你们就作对了"。这句话含有肯定、认同的意思:信得好! 你的信仰十分对! 不过却带有讽刺,因为跟着下面,雅各说:"就连鬼魔也信,却是战兢"。"鬼魔",在福音书中描述有污秽(恶)的灵,附在人的身上(参太八 29;路四 41;徒十五 15)。雅各在下文也提到"属鬼魔"的智慧(三 15);保罗提及"鬼魔的道理"(提前四 1)。所以这里"鬼魔"一词,是指魔鬼和它的差役。

"却是战兢"   "战兢"这个词,在新约经文中只在此处出现,用来形容因恐惧而在身体上的反应,例如头发直竖,皮肤出现鸡皮疙瘩。旧约的约伯记有这样的描述:"恐惧战兢临到我身,使我百骨打战。有灵从我面前经过,我身上的毫毛直立"(伯四 14、15,和合本)。雅各嘲讽这个有口无心,只说不做的人。他有十分正统的信仰,但是他不惧怕上帝的审判(参二 13)。然而鬼魔的信心比这个人更好,因为鬼魔信上帝,而且战兢、惧怕上帝(参太八 29,加大拉的污鬼惧怕主耶稣。又,约伯记第一章,撒但在上帝面前不敢造次)。鬼魔在上帝面前恐惧战兢,这是因为它们真的相信上帝有权能整治它们。反过来说,这些口头上有纯正信仰的人,明知道上帝会审问我们,却掩着良心,不肯对有需要的人伸出援手。这样比较起来,鬼魔的信心更见真实!

二 20   "愚昧的人啊,你愿意知道没有行为的信心是没有用的吗?"

"愚昧"   原文是 kene = empty,空洞的意思,特别是指性质上是空的、无实质的。形容人之时,可以说他"没有头脑"。摩法特(Moffatt)译本作 You senseless follow。云生(Vincent)译作 without spiritual life(没有灵性生命)。和合本译作"虚浮的人",中文的字义给予人的印象,乃是轻佻、不脚踏实地。布迪说:"从新约圣经神学和道德角度看,这字含有道德和属灵味道",⑪所以是指不懂得属灵真理的人。雅各其

---

⑨ WH,当代译本。
⑩ Oesterley, 445 - 446.
⑪ Burdick, 183.

实是说："你对信心与行为的争辩是没有根据的。你的话缺乏真理支持，是毫无根据的。"⑫

"你愿意知道没有行为的信心是没有用的吗？" 雅各用这句话引入新的辩论。他问："你需要我证明给你看吗？"使徒保罗也有这样的问题："你愿意不惧怕掌权的吗？"（罗十三 3，和合本）在下面廿一至廿五节，雅各便引用旧约圣经人物亚伯拉罕和喇合为例证，显明信心与行为要并行。

"没有用的" 原文是 argē = barren, useless（不结果的，无用的）。有别的古卷采用 nekra = dead（和合本、当代译本译作"死"）。但采用 argē 的古卷获得较佳的抄本证据支持。⑬雅各说这个自称有信心的人（见二 14），他说的话并不能产生果效，他的话是空洞的。他是"脑袋空"（kene，不明白属灵真理），"说话空"（argē，没有果效），这样的信心根本说不上是信心。

(iii) 亚伯拉罕信心的回应（二 21～24）

二 21 "我们的祖先亚伯拉罕，把他的儿子以撒献在祭坛上，不是因行为称义吗？"

"我们的祖先……" 这句话显示出作者是犹太人，写信给犹太人基督徒，所以提到"我们的祖先"。⑭亚伯拉罕是犹太人心目中的信心英雄人物之一。在犹太人的神学辩论之中，常常引述亚伯拉罕来支持自己的观点。耶稣在与犹太人官长领袖争论的时候，也是这样的（参约八 37～40、52～59）。"亚伯拉罕的怀里"更成为"天堂"的代用词（路十六 22）。

"把他的儿子以撒献在祭坛上，不是因行为称义吗？" "献上"

---

⑫ Kistemaker，95.

⑬ 请参阅 Metzger，*Textual Criticism* 之解释。

⑭ Ropes，217. 他补充说，这并不是绝对涵盖（conclusive）的用词，因为外邦人因信，也是亚伯拉罕的子孙（加三 7；罗四 16）。保罗写信给外邦人占大多数的教会，也用这词（林前十 1；罗四 1）。不过，以罗马书作为例证，是有商榷的余地，因为罗二 17 起，是对犹太人说的（罗二 17，三 1、9、29，四 1）。

（anenegkas＝offering up）这个词，是过去时态分词、主动语态，与动词"被称为义"（edikaiōthē）连在一起，表示在亚伯拉罕献上以撒之时，就被称为义。Vincent 说："这个已往时态分词，表示他被称义的根据。"⑮

其实，亚伯拉罕早在献以撒之前，已被称为义（参创十五6）。他是因为"信上帝的话"而称义，保罗说是"因信称义"（罗四22）。我们当然不会认为雅各把这件事的次序颠倒或是对事实无知（参二23，他引述创十五6）。雅各这里的论点是：信心要有行为来引证，才是真的信心。亚伯拉罕未有儿女，上帝应许他将会有儿子，他就信上帝的应许，在这事上，上帝称亚伯拉罕为义，这是早在献以撒之先。直到他生下儿子，以撒长大了，上帝要亚伯拉罕把以撒献为燔祭（创廿二2）。正当他要举刀宰杀以撒，献为燔祭之时，耶和华的使者立即制止他，并且对他说："现在我知道你是敬畏上帝的了，因为你没有留下你的独生子不给我"（创廿二12）。接着，主的使者指着他自己起誓，重申对亚伯拉罕的应许："我必定赐福给你，必使你的后裔繁多，像天上的星，海边的沙；……地上万国都要因你的后裔得福，因为你听从了我的话"（创廿二17、18）。这番应许的内容，大致上与创世记十五章四至六节所说的相同。这两段经文前后呼应：在十五章那里，亚伯拉罕被称为义，因为他有一个单纯的信心，却是未经过考验的；而在廿二章那里，亚伯拉罕要接受信心的考验（创廿二1），后来看见他考验合格（创廿二12；参雅一3、12论到信心要受考验）。因此，亚伯拉罕用信心献上以撒（来十一17～19），他先前被称为义，现今（经过大约三十余年）得到印证，表明他的信心是真实的，有果效的，不是徒托虚名的。

基于上述理由，这里的"称义"，并不是指亚伯拉罕在献以撒那一刻，被"宣告"为义；而是在献以撒的时候，"显明"、"印证"他被称义是有道理的，是实至名归的。故此"被称为义"这个词，是"印证"的意思，而不是"宣告"为义。⑯

---

⑮ Vincent，354. "The participle states the ground of his justification".

⑯ 冯荫坤，61；Tasker，22. Moo, Mayor, Burdick 则认为是"宣告"。

　　有人认为雅各与保罗在神学上有冲突。保罗主张因信称义,雅各主张行为称义,其实这是一场误会。保罗与雅各在神学立场上是一致的。雅各在上文一章十八节提到上帝藉着真理的道生了我们。又在一章廿一节劝人以温柔的心领受上帝栽种的道,这道能救人的灵魂。故此,雅各主张人是藉着信而得重生的。另一方面,雅各在全卷书中所强调的,是信心的见证。品那(Penna)说得对,他认为保罗和雅各在称义、行为、信心、罪等等的用词和观念上,并无冲突矛盾。两人其实在用词上相同,但指向不同的观念领域,两人是"合一与分歧"(unity and diversity)。合一,并不表示形式上完全一样(uniformity);分歧,并不表示意见相反(opposition)。[17]

　　二 22　"你看,他的信心与行为是一致的,信心就因着行为得到完全了"

　　"你看"　意思是说:"你明白了没有?"

　　"信心与行为是一致的"　原文是 hē pistis synērgei tois ergois =〔his〕faith worked with his works。雅各在这里是用文字游戏(a play on words),语带双关地表达他的意思。若照原文直译出来,意思就是:"他的信心与他的工作(行为)是紧密合作的"。这句的信心是有冠词的(hē pistis),所以是指亚伯拉罕在献以撒时的信心。希伯来书的作者说:"因着信,亚伯拉罕在受试验的时候,就把以撒献上"(来十一 17)。亚伯拉罕的信心与行为是密紧合作的。

　　"信心就因着行为得到完全了"　"信心"仍然是有冠词的(hē pistis),是指亚伯拉罕的信心。"完全"(teleios = fully accomplished; fully developed),按雅各的领会,亚伯拉罕在信上帝的应许之时(创十五),已经被称为义。后来在他把以撒献为燔祭之时,他的信心达至成熟阶段。而亚伯拉罕"信心"的发展,经历了四十年之久,才到达完全的境况:

---

[17] R. Penna,"La giustificazione in Paolo ein Giacomo," *Rivist Bib*,30(3 - 4,'82),377 - 362.

上帝应许
亚伯拉罕；

亚伯拉罕 因信称义	亚伯拉罕生 以实玛利	上帝再向亚 伯拉罕显现	亚伯拉罕 生以撒	亚伯拉罕 献以撒
（创十五 6）→	（创十六 16）→	（创十七 1）→	（创二十一 5）→	（创二十二）
亚伯拉罕 80 岁？	86 岁	99 岁	100 岁	120 岁？

←————————————40 年？————————————→

因信称义 —————————————————→ 藉行为印证
称义的信心

二 23　"这正应验了经上所说的：'亚伯拉罕信上帝，这就算为他的义。'他也被称为上帝的朋友"

"应验"　这个词的意思，不是指预言的应验，而是指"完成"，"有了结果"。原文"应验"（epi + plēroō），是被动式动词，形容时间上的终局。亚伯拉罕先前因信称义，经过四十年，在献以撒的事上，信心受到考验，考试合格，得到完满的（中文译为"应验"）结果。

"上帝的朋友"　这句话相当于"被上帝所爱"的意思。[18] 创世记没有明显用到这个名称，只有在创世记十八章十七节，当上帝要毁灭所多玛、蛾摩拉的时候，说："我要作的事，岂可瞒着亚伯拉罕呢？"而"上帝的朋友"这名号用在亚伯拉罕身上，是日后的圣经作者采用的（参代下二十 7；赛四十一 8）。耶稣说，凡遵行他所吩咐的，就是他的朋友（约十五14～15）。因此，我们每一个人都可以成为上帝的朋友——在遵行上帝的道，用行为回应信心之时。

"可见"　原文是 horate hoti = you see that，参看廿二节的 blepeis hoti，是"你明白了没有？"的意思。

"不仅"　雅各再加强信心与行为"合作"的重要性。他说，人称义不能"仅仅"藉着信心；而且要有行为作为印证。这句话是雅各为了上文所举的例子（廿一至廿三节）而作的总结陈词。

———————————

[18] "Beloved of God"，参 Ropes，222.

（iv）喇合信心的回应（二 25～26）

二 25 "照样，妓女喇合接待了探子，又从另一条路把他们送走，不也是因行为称义吗？"

"照样" "同样道理"的意思。雅各在上文举例说明了亚伯拉罕的信心与行为紧密合作，证明他因信称义，至终达到目标，就是成熟的信心。现在雅各再用同一个原理，去证实喇合的信心。她不是仅仅有信心，她也有用行为印证的信心。

"也是" "她也是如此"的意思。

"妓女喇合" 喇合是外邦人归化犹太人的代表之一。她是耶利哥城的妓女，她把以色列的探子藏匿起来，再救他们脱离险境（书二 1～21）。她的信心就在这件事上表明出来，她要站在耶和华、以色列的上帝那一边。后来约书亚攻陷耶利哥，她和家人都得免一死（书六 17、22、25）。根据马太福音一章五节起记载的耶稣的家谱，其中提及四名女子：他玛、路得、拔示巴、喇合。喇合以外邦人的身份，竟然蒙福成为主耶稣的先祖。按此家谱来看，喇合是波阿斯的母亲，是大卫的曾祖母。希伯来书亦提及她是信心模范（来十一 31）。

喇合被称为"妓女"（pornē）。在约书亚记二章一节，妓女的希伯来文是 zōnâ，可以是指一般卖淫的妓女，或是指宗教妓女（女祭司）。[19] 迦南人拜偶像的活动中，例如拜巴力，便有女祭司（或称为庙妓）与参拜的人进行性行为，作为拜祭礼仪的一部分。喇合很可能也是个庙妓。[20] 然而犹太史学家约瑟夫却说喇合是那个客栈的店主（innkeeper），[21] 约瑟夫这样说，大概是要维护大卫先祖的声誉，不把喇合说成是妓女。

喇合对耶和华的信心，可以从她对探子所说的话所中清楚地看出来："我知道耶和华已经把这地赐给你们了，……因为我们听见……耶

---

[19] AB，*James*，35.

[20] AB，*Joshua*，144：同意 zōnâ 这个字可以解作一般妓女或庙妓。在希伯来文有另一个字，专指"庙妓"，就是 qedeshah.

[21] Targums 称喇合为 pundeqita（即客栈店主）。AB，*James*，69. 见 Josephus，Antiq. V，8.

和华怎样使红海的水……因为耶和华你们的上帝是天上,也是地上的上帝"(书二9～11)。喇合的"认信",表明她从拜偶像的行为,悔改归从耶和华,最后融合在以色列民中间。[22]

我们读到喇合拯救探子的事,心中常常有一个疑问:圣经称喇合是信心伟人(在希伯来书的信心名人榜中有她的名字,参来十一31),可是她却是向人撒谎,才可以把探子救出险境啊!这算不算是"只求目的,不择手段"呢?王守仁认为,喇合所作的,是在两件恶事之中选择了较小的恶:"喇合撒谎以救他们的命。撒谎是恶,但是把这两个探子交给耶利哥王是更大的恶。喇合选择了较小的恶。结果喇合蒙神的祝福。"[23]梅雷(Murray)认为新约圣经称许喇合接待探子并且放走他们,但并没有称许她说谎的行为。接纳喇合放走探子,并不一定要接纳她的全部过程与方法。[24]

笔者认为,为了要救两个探子,喇合"必须"说谎,这种推理,纯属揣测。以为作恶可以成善,并不合乎圣经的教导(罗三8),亦是辱没了上帝的圣洁与能力。喇合的做法并不可以作为伦理准则和模范。奥特理引述拉比著作 Mechitta 64[b],说喇合后来求上帝饶恕她。[25]此外,圣经中有些类似的事件,例如雅各骗取长子的祝福,我们并不认为雅各的行为是对的。希伯来书和雅各书的作者,是要表达喇合要脱离拜偶像而归向耶和华的决心。她不惜冒着生命危险(不要忘记,她若是被同族人查出放走敌人会有什么后果),弃暗投明。放走探子的行为,就是回应信心。

二26　"身体没有灵魂是死的,照样,信心没有行为也是死的"

"身体没有灵魂是死的"　这句话表明一个"活人"的两种必须元素:"身体"(sōma)与"灵魂"(pneumatos)。上帝把生命气息吹进亚当的鼻孔,他就成了有灵的活人(创二7)。根据这个原则,身体与气息结合,才是一个活人;那么,信心与行为也成为不可分割的两种东西。两

---

[22] AB, *Joshua*, 209,转引 Joseph J. de Vault, *The Book of Josue*, 11.

[23] 王守仁,"应用圣经作伦理",《华人神学》,一卷一期(6,'86),57。

[24] John Murray, *Principles of Conduct*, 138 – 140.

[25] Oesterley, 449.

者要紧密合作,互相依附而存在,使信心成为"活的信心"。因此,这里的"死",是与"活"相对的。

雅各在本章中用了两篇辩论(一至十三节,十四至廿六节),辩证(一)在法律面前,人人平等,不可单凭外貌去判断一个人。(二)信心与行为是互相依附而存在的,要有一个"活的信心"。在以下,雅各引进第五个信心考验的题目。

柒　信心考验之五：有节制、有纪律的生活（三 1～18）

　　屈臣在这里再提出他的研究心得，认为三 1～12 的辩论，与第二章的两篇辩论文体格式相似：

1. 前提（1a）：不要多人作教师。
2. 事实（1b）：当教师的要受严厉裁判。
3. 辩证（2）：我们常常犯错。
4. 润色（3～10a）：举出多个例子作辩证。
5. 结论（10b～12）：不能一口两舌。①

　　屈臣提出的文体格式，可以帮助我们明白雅各的思想路线。

(I) 运用舌头——说话的内容是考验节制能力之途径（三 1～12）

¹ 我的弟兄们，你们不应该有太多人作教师，因为知道我们作教师的将受更严厉的审判。

² 我们在许多的事上都有过错，假如有人在言语上没有过错，他就是完全的人，也能够控制全身。

³ 我们若把嚼环扣入马嘴，使它们驯服，就能驾驭它们的全身。

⁴ 试看，船只虽然甚大，又被狂风催逼，舵手只用小小的舵，便可以随意操纵。

⁵ 照样，舌头虽然是个小肢体，却会说夸大的话。试看，星星之火，可以燎原；

---

① D. F. Watson, "The Rhetoric of James 3：1 - 12 and a Classical Pattern of Argumentation," *Nov Test* (1, '93), 48 - 64.

6　舌头就是火，在我们百体中，是个不义的世界，能污秽全身，把整个生命在运转中焚烧起来，而且是被地狱之火点燃的。

7　各类飞禽、走兽、昆虫、水族都可以驯服，而且都已经被人类制伏了；

8　可是没有人能够制伏舌头；它是喋喋不休的恶物，充满了致命的毒素。

9　我们用它来称颂我们的主和天父，又用它来咒诅照上帝的形象被造的人。

10　同一张嘴竟然又称颂主，又咒诅人；我的弟兄们，这是不应该的！

11　同一泉眼里能够涌出甜水和苦水来吗？

12　我的弟兄们，无花果树能结橄榄吗？葡萄树能长无花果吗？咸水也不能发出甜水来。

(ⅰ) 完美的教师(三 1～2)

三 1　**"我的弟兄们"**　这是雅各要开始一个新论题的句子(参上文一 19，二 1、14)。

"你们不应该有太多人作教师"　在这里，雅各再次拾起有关"舌头"的教训。前面他论到"说与听"的重要(一 19)；要约束舌头(一 26)；不要单"说"自己有信心(二 14)；不要只"说"平安的话(二 16)。教师的毛病，也是"说"多于"做"。早期教会的聚会，是开放给会众中有"讲道恩赐"的信徒发言的(参林前十四章，特别是廿九至四十节，为了维持聚会的秩序，保罗提出节制的纪律)。从保罗的观察和经验中，他发觉有许多不合格的教师，胡言乱语，必须加以制止(提前一 6～7)。

"不应该有太多"，原文用 mē(不)与现在命令语态的 ginesthe(解作"变成"，"是"；"发生"，"引起")合在一起，表示太多了，不再需要加添了的意思。保罗说有些人为自己增添好些师傅，符合自己的口味和兴趣(提后四 3)。雅各在这里说："教师已经够多了！"

"因为知道我们作教师的将受更严厉的审判"　雅各用"我们"这个代名词，表示他自己也在受警告之列。

"严厉审判"　因为教师把真理教导人，他自己明白道理，却不去行,或是违背道理,当然是罪加一等。耶稣说:"因为你要照你的话被称为义,或定为有罪"(太十二 37)。

三 2 "我们在许多的事上都有过错" 和合本这句有"原来"两字。原文是 gar,是个连接词,解作"因为"、"既然"、"那么"、"的确"等等。这里第二节是要解释一节。第一节是警告作教师的,将会受更严厉的审判。第二节就说出我们有错失的事实。

"假如有人在言语上没有过错" 旧约诗篇三十九篇一至三节是一段很好的批注,指出舌头容易犯罪的情况。箴言也有许多处论到言语的影响力(箴六 2,八 8~9,十七 27,十八 4,廿六 22,廿九 20 等)。

"他就是完全的人" "他"(houtos = this one),强调上句所说的"这个人"。"完全"(参上文一 4),指成熟、没有缺点。

"也能够控制全身" "控制",参一章廿六节,指约束舌头,便能够约束全身。他把人和舌头,比喻作马和马的嚼环的功用。在下文便有这个比喻的说明。

(ii) 节制(受控制)能发出能力(三 3~12)

(一) 马与嚼环(三 3)

三 3 "我们若把嚼环扣入马嘴,使它们驯服,就能驾驭它们的全身"
"若" 原文 ei de = now if,这版本为近代经文鉴证家所采用,包括 WH、RV 等。和合本、新译本与现代中文译本的译文,都是根据这个版本。亦有其他解经家采用 idé = behold 这种版本。[②] 中文则译为"看哪!"不过在雅各书中,是用 idou 这个字(三 4、5,五 4、7)。古代抄写经文的文士,较容易把 ei de 写成 eide(把两个字写为一个字),与本书的"看哪!"(idou)这个字看齐。故此,ei de("若")这个版本较为可取。

"把嚼环扣入马嘴,使它们驯服,就能驾驭它们的全身" 人手拿缰

_____

② Ropes, 229;Tasker, 74.参 Mayor, 109 之注解。

绳，接上马嚼环的装置，便可以把马匹控制住。这句的"全身"一词，与上句的"全身"，原文句子结构是一样的：holon to sōma。因此，雅各是有意把马匹受控制的情况，比喻人因控制舌头而全人受控制来做个比较。马是受人控制；人是受自己控制。马的嘴比喻作人的"言语"。马口中的嚼环怎样能使人控制它们全身，我们也当把"嚼环"放在口中，好叫我们能控制自己。

(二) 船与舵(三 4)

三 4　"试看，船只虽然甚大，又被狂风催逼，舵手只用小小的舵，便可以随意操纵"

"试看"　原文是 idou = behold，这个译文失去了原文表达的生动感。还是和合本译作"看哪！"较为形象。雅各由马嚼环的比喻，转为船与舵的比喻。"舵"(pēdaliou)是指装置在船尾舷外潜入水中的一片木板。掌舵的人只要把木柄左右摆动，就能使船改变方向。雅各用船的"大"，与舵的"小"作比较，如同人身体的大与舌头的小作出比较(五节)。船在狂风吹迫之下，仍然可以靠小小的舵来控制它。

(三) 人与舌头(三 5～12)

论到舌头，雅各便用了较多篇幅去讨论：

(1) 星火可燎原；舌头能毁灭人格(三 5～6)

三 5　"照样"　雅各把上述马与嚼环、船与舵的比喻，引伸到人的舌头与身体的比较。

"舌头虽然是个小肢体"　"肢体"(melos)，译为"器官"较易明白。

"夸大的话"　指狂傲的话，而不是"言过其实"的夸张。这种夸大的话，亦表示这种话可以产生巨大的影响力，是"有分量"的。这是一种"言可兴邦、言可丧邦"的"大"话。③

———————

③ 参 Ropes, 232.

　　"试看"　原文 idou，意思是"看哪！"是引起读者注意的呼喊（参第四节）。现在雅各要转述另一个比喻。

　　"星星之火，可以燎原"　新译本在这里用了意译，与这译本的一贯风格不同，而和合本较能照原文的意思译出来："看哪，最小的火能点着最大的树林"。原文突出"小"和"大"的比较。

　　三 6　"舌头就是火"　雅各根据由"小火"引起的把"大树林"烧毁为例子，指出"舌头"就像这小小的火一般，能把人的整个生命焚烧净尽。第六节的原文结构较为复杂，新译本与和合本都未能尽表原意。现在让我们按原文字句次序，重新排列，译为中文：

　　　　（1）舌头就是火——
　　　　（2）　　　是个不义的世界。
　　　　（3）舌头被安放在我们肢体当中，
　　　　（4）这舌头把全身（见三 2、3 节）弄污 了，

　　　　（5）　　　并且把生命的轮子 燃烧 ——

　　　　（6）　　　　　是被地狱的火 点着 的。

　　这段经文是诗歌体[④]，由六个句子组成。（1）（5）（6）组成一种思想；（2）（3）（4）组成另一种思想。第一组的意思是：舌头就是火，把生命的轮子焚烧，而这个把生命焚毁的火是由地狱的火点着的。第二组的意思是：舌头是个不义的世界，它被安放在我们的肢体当中，把全身都弄污了。

　　"不义的世界"　"世界"（kosmos），在这里借喻为世俗的、不信主的世界观（参一 27，二 5，四 4）。世界也是指与上帝敌对的价值观；不信耶稣福音的意念（参约十五 18～19）。[⑤] 雅各说舌头是个不义的世界，表示舌头囊括一切不义。[⑥] 云生（Vincent）说："舌头这个器官藏有罪恶的原素，由舌头引伸渗透全人。"[⑦]舒格（Schegg）把"不义的世界"

──────────

④　参 Oesterley，452. 关于这节经文的分析。

⑤　Moo，124.

⑥　Bauer，446－447. 把世界解作"囊括一切"（totality，sum total）。

⑦　Vincent，356.

解释为"罪恶的领域"（the sphere or domain of iniquity）。[8] 最后这个解释可以和下句的"地狱"作出呼应，所以较为可取。

"在我们百体中" "在"字的原文是 kathistatai = is set，是被安放、安置的意思。"百体"指身体上的众多肢体、众多器官。上文五节指出舌头是个"小肢体"，舌头是人身体中众多肢体之中的一个小肢体、小器官而已。

"能污秽全身" "全身"，在上文二、三节也用过这个词。"死苍蝇使作香的膏油发出臭气"（传十 1，和合本），和雅各书这里的比喻，真有异曲同工之妙。一个人言语不慎，便露出这个人的缺点，他就不算得是个完全人（参上文二节）。耶稣说："出口的乃能污秽人"（太十五 11，和合本）。

"把整个生命在运转中焚烧起来" 这句话应该与第一句"舌头就是火"连接起来。或者这样说：这句话是解释舌头是火，并说出这火的影响力。上帝的话，先知形容之为"大火"（耶二十三 29）；人的话，则像小小的火。

"生命在运转中" 这句的原文是 ton trochon tēs geneseōs = the wheel of birth，新译本的译文是意译的，可是并没有把意思准确地表达出来。原文句子的意思是：舌头像火。火怎样烧着树林，舌头也同样把"生命的轮子"点着起来。在这句子中，是"树林"比对"生命的轮子"。火如何摧毁树林，舌头也摧毁人"生命的轮子"。

"生命的轮子" "生命的轮子"这词，[9]与一章廿三节的"自己本来的面貌"一词，在结构上很相像。

生命的轮子　　　　ton trochon tēs geneseōs
自己本来的面貌　　to prosōpon tēs geneseōs

在一章廿三节中，我们解释"自己本来的面貌"，是指一个人出生之时的容貌。雅各说那个人当时对镜子自照，不是看见自己当时的面容，

---

[8] 转引自 Mayor，114.

[9] Moffatt：The round circle of existence（生存的圆圈）。Weymonth：The whole round of our lives（生命的大圆圈）。Mayor：由出生那日开始，人便走入这个短暂而又会变的尘世，很容易被舌头所影响。人与人、国与国挑启争端（页 118）。

而是看见呱呱坠地之时、生下来之时的容貌,借喻为照出"人的本性",就是有罪的天性。在这里,雅各说舌头像火,把人"在生下来之时的轮子"点着。轮子便借喻为:人一生下来,就像只轮子,开始转动,直到生命终结之时,才停下来。人生命循环不息,若轮子的轴着了火,整个木做的轮子很快便遭到波及。⑩ 按照此意义,雅各说舌头就是火。火怎样把树林焚毁,我们的舌头、罪恶的领域,也把我们整个人的生命摧毁。而这个"生命的轮子"是指个人的一生。⑪ 布迪却认为这里所指的,不仅是个人的一生,更是指全人类的命运。⑫ 这个看法似乎是超出雅各当时的意念了,因为雅各在这段经文中,不是讨论罪恶如何进入世界的问题;而是论到个人要约束自己的舌头,以免影响自己属灵生命的素质。

　　"而且是被地狱之火点燃的" "地狱"(geenna),这字在新约圣经中出现十三次。其中十二次是主耶稣提及的。故此,雅各是在新约圣经中除了主耶稣之外,唯一提及"地狱"这个词的人。在主耶稣的口中,地狱乃是恶人受苦受刑的地方(太十 28;可九 43)。Geenna 这个希腊字,是由希伯来文 ge-hinnom(欣嫩子谷,the valley of Hinnom)演变而来,原是指一个垃圾堆而言。这种意义,可以追溯到旧约的犹大王约西亚时代。犹大王约西亚登基以后,得到大祭司希勒家和女先知户勒大的协助,进行国家改革,带来灵性大复兴(详见王下廿二、廿三章)。约西亚王吩咐人把拜巴力偶像用的器皿搬到耶路撒冷城外的汲沦谷烧毁(汲沦谷与欣嫩子谷是在耶路撒冷东面及南面,而两谷相连之处是较为深的地方),并拆毁欣嫩子谷用作婴孩献祭的坛,也把死人的骨头丢在那里,用火焚化(王下廿三 4、6、10、12、14 等)。日后,欣嫩子谷(新约译作"地狱")就成为恶人受火烧、受刑罚的代用名称。提到地狱,也必然提到火,因为在那里有火焚烧偶像和污秽的东西("地狱的火",参太五 22,十八 9)。与"地狱"这词有关的,是"阴间"(hades)这个词。在希

---

⑩ Kistemaker,111. Moo,126 认为特别是指人生一切顺境逆境(ups and downs)。参看 Dibelius,196 – 198.

⑪ Burdick,187 – 188.参 Alford,305 – 306. Alford 把这句译为"the orb of the creation"(创造的轨迹),亦含有受造物因人的罪而受牵连的意思。

⑫ Burdick,188.

伯来文圣经中有 sheol（阴间）这个字（创三十七35；诗六5等）。希腊文七十士译本用（hades）这个字来翻译它。"阴间"代表灭亡（太十一23）、罪恶的领域（太十六18）、死囚拘留所（启一18）。布迪说雅各在这里用"地狱"这个词语，是魔鬼的代用词，⑬在下文，雅各把属地的与属血气的、属鬼魔的相提并论（三15）。舌头这个火花，是由魔鬼在我们心内激起的。

"被地狱之火点燃"，"被"（hypo）这个连接词含有直接来源的意思，就是说，这个焚毁我们一生的火花，是直接由魔鬼点燃的。一个属地、属血气、属魔鬼的人，不能控制自己的舌头，任由魔鬼操纵，结果一生尽毁。

（2）舌头像无法消灭的"怪兽"（三7～8）

三7 "各类飞禽、走兽、昆虫、水族" 这里是指所有受造之物。上帝创造万物，交给人类去管理（创一26～28；诗八5～8）。

"都可以驯服，而且都已经被人类制伏了" "驯服"和"制伏"两个动词，在原文是放在一起的：damazetai kai dedamastai，两个动词的时态，分别是现在式和完成式，加强了受造物完全被驯服，仍然受制服的意思。

"人类" 原文是 tē physei tē anthrōpinē = the nature of human，句子中的 physei 与上句"各类"的"类"（physis）字作出对比。雅各在此用语带双关的手法，⑭把人类与其他受造之物分别出来，因为人类是特别的，上帝把其他各类受造物交给人类去管理。

三8 "可是没有人能够制伏舌头" "没有人"是夸饰法，表示在人类中找不到一个人能够制伏舌头。雅各在上文说："假如有人在言语上没有过错，他就是完全的人，也能够控制全身"（三2）。故此，雅各并不是说人绝对不可能制伏舌头，不然基督徒在追求圣洁上便没有指望了。旧约圣经中的诗歌与智慧书，常常提及人有制伏舌头的意愿："禁

---

⑬ Burdick，189. 王明道先生之《灵食》一书中，有一章论到"阴间"，另一章论到"地狱"。王先生详细列出新旧约圣经中使用这两个词语的经文，并作出字义研究，很值得参考。王先生认为"阴间"是指坟墓；"地狱"是指犯罪的人在复活之后身体受痛苦的地方（页101－136）。

⑭ Ropes，240. Mayor 把 physei 用作副词：every kind of animal is *naturally* subject to man（各类动物天性本然地受人去管理）。

止舌头不出恶言,嘴唇不说诡诈的话"(诗三十四 13)。"我立志使我的口没有过犯"(诗十七 3)。大卫祈祷说:"我要谨慎我的行为,不让我的舌头犯罪;恶人在我面前的时候,我总要用罩子约束我的嘴"(诗三十九 1)。智慧书更教导人要约束舌头:"有人说话不慎,好像利刀刺人,智慧人的舌头却能医治人"(箴十二 18)。"谨慎口舌的,可保性命;口没遮拦的,自取灭亡"(箴十三 3)。上述所举的经文,与雅各书中所论关乎约束舌头的教训,激起了回应。在新约的教训中,保罗也说:"一句坏话也不可出口,却要适当地说造就人的好话,使听见的人得益处"(弗四 29)。"更不要讲淫秽和愚妄的话,或下流的笑话……却要说感谢的话"(弗五 4)。人靠着自己当然不可以控制舌头,未经福音真道重生的人(参雅一 18),是属地的、属血气的、属鬼魔的(雅三 15)。他的舌头是个不义的世界,能污秽全身(三 6)。但是有圣灵重生的基督徒,可以结出圣灵的果子,有美好的生活(详见下文三 13~18 注释)。参考保罗论圣灵的果子,是"节制"(加五 22),便知道基督徒靠着圣灵的能力,可以约束舌头,追求完全。

由此推断,第八节的"没有人"这句话,是指未重生的人。基督徒可以藉着圣灵的帮助、祈祷而达到(一 5;参诗一四一 3)。

"它是喋喋不休的恶物" "喋喋不休"这个字原文是 akatastaton。这字也译作"摇摆不定"(雅一 8),"扰乱"(三 16);又用来形容暴民的"扰乱"(林后六 5)。和合本将这字译作"不止息"。故此,舌头这家伙不单是动作不停息,更是制造纷乱的东西,雅各称它是"恶物"(kakon)。诗人大卫描述恶人的狂傲:"我们必能以舌头取胜;我们的嘴唇是自己的,谁能作我们的主呢?"(诗十二 4)可见人是放纵自己,要说便说。

"充满了致命的毒素" 和合本译 iou 这字为"毒气",令人联想起煤气、一氧化碳或沼气之类的东西。新译本作"毒素"较为可取。Iou 这字,也译为"锈"(雅五 3)。这字是指任何对人、对物质有伤害、会侵蚀的东西。保罗引用诗篇十四篇、五十三篇和一百四十篇的一些诗句,描述舌头中有毒蛇的毒液(参罗三 13~14)。雅各在这里说是"致命的毒素"。舌头制造纷争,闹得满城风雨,鸡犬不宁,造谣生事,弄致别人身心疲乏,深受创痛。

(3) 一口两舌的怪物(三 9~12)

三 9　"我们用它"　把"用它"（en autē）两字放在句首，表示加强语气。我们用这舌头，就是充满毒素的、不止息的恶物，去"称颂我们的主和天父"。和合本译作"称颂那为主为父的"。"那为主为父的"的译词，是指着一个受格。但新译本的译词"我们的主和天父"，是指着两个受格，即圣子耶稣（主）和圣父。这句话的原文是 ton kyrion kai patera = the Lord and Father，只用了一个冠词 ton，用 kai 连接两个名词：主和父，故此，应当是指一个受格而言。前文第一章廿七节，雅各用"父上帝"一词，原文是 tō theō kai patri = the God and Father，是指圣父上帝。这里提到创造万物的上帝，他是万物之根源，万有的创造者。布连格将这句译为："上帝，他是我们的父"（God who is our Father）。⑮　布连格的译文，是根据有些古抄本所用的 theon = God 而作出的，⑯但比较可靠的古抄本都采用 Kyrion = Lord 这字。

"称颂"　犹太人每提到上帝名字的时候，习惯上加上"当称颂"〔blessed（be）He〕这词语。那位当称颂者就是上帝（参可十四 61）。"称颂"与下句的"咒诅"相对。"咒诅"（katara），这个词的基本意思是来自 kata = down，含有低下、贬低的意思。引伸出来，就是用恶毒的言语贬低别人，叫他抬不起头来。

"照上帝的形象被造的人"　这句话的意思来自创世记一章廿六节："我们要照着我们的形象，按着我们的样式造人"。"形象"（homoiosin）这个字，应译作"样式"（likeness）；而"形象"（image），原文是 eikona（西三 10）。在创世记所用的"形象"和"样式"两个词句，只是互相加强字的本意，两字并没有特别区分。始祖犯罪之后，仍然是有上帝的形象（创九 6）和上帝的样式（雅三 9）。

总括来说，雅各说我们咒诅人的时候，其实是咒诅上帝，因为人是有上帝的"样式"（likeness）的。

三 10　"同一张嘴"　原文放在句首的表达方式，是加强语气。"称颂"和"咒诅"竟然出自同一个嘴巴！这个意思，在下文十一节再以

---

⑮ Bullinger, 669.

⑯ 用 θεόν 的抄本有 K，L，大部分小字抄本，Textus Receptus 等。采用 Κύριον 的抄本，证据十分充足，包括 ℵ，A，B，C，P 及其他。

甜水和苦水出自同一泉眼来说明。"我的弟兄们"这句话,语带婉转、恳切,有劝导的意思。"这是不应该的!"(ou chrē)新约只有在这里出现。雅各用了最强烈的字句,表示反对这种行为:"这是不对的!"

　　三 11　"同一泉眼里能够涌出甜水和苦水来吗?"　"同一泉眼"与上句"同一张嘴"作出对比。"甜水"是指新鲜的、常流动的泉水,可供饮用的。"苦水"是指含有矿物成分较高的水,带有咸味和苦涩味,不能入口的水。例如在玛拉的苦水(出十五 23;参王下二 19～21)。这是一句问题句子,但是用了 mēti(能否)这个字,已表示答案应该是"不能够"。

　　三 12　"我的弟兄们"　参照第十节,雅各在这里转用另外一个比喻:"无花果树能结橄榄吗? 葡萄树能长无花果吗? 咸水也不能发出甜水来"。两句问题句子,同样是用 mē 来发问,表示期待否定的答案。既然答案是"不能够",所以雅各就为所发出的第一个问题(在第十一节)作出答案:咸水也不能发出甜水来。"咸"水(halukon),十一节是"苦"水(pikron),都是指含矿物成分过多的苦涩味道。"发出"(poiēsai),指制造出、产生。无花果树不能"结出"橄榄果实;葡萄树不能"结出"无花果实。同样道理,咸水的泉眼,也不能流出甜水来。

(II) 运用舌头——说话的内容是智慧的果子 (三 13～18)

13 你们中间谁是有智慧、有见识的呢? 他就应当有美好的生活,用明智的温柔,把自己的行为表现出来。

14 如果你们心中存着刻薄的嫉妒和自私,就不可夸口,也不可说谎抵挡真理。

15 这种智慧不是从天上来的,而是属地的、属血气的和属鬼魔的。

16 因为凡有嫉妒和自私的地方,就必有扰乱和各样的坏事。

17 至于从天上来的智慧,首先是纯洁的,其次是和平的,温柔的,谦逊的,满有恩慈和善果,没有偏袒,没有虚伪。

18 这是缔造和平的人,用和平所培植出来的义果。

雅各现在重拾前文第一节，论到教师的题目。"你们中间谁是有智慧……?"这句呼喊，邀请有智慧的人去思想他所说的话。先知何西阿在书卷结束之时，也曾作出同样的邀请："谁是智慧人，让他明白这些事吧！谁是有见识的人，让他领会这一切吧！因为耶和华的道路是正直的，义人要行在其中，恶人却必在其上绊倒"(何十四 9)。雅各在这里吁请有真智慧的人，用生活行为来证实，在生活上结出义果来证明。

根据约翰森的研究，[17]他认为雅各书三章十三节至四章六节，是一篇控诉状(indictment)。这篇控诉状包含有四句修辞式问句。这四个问句即是在三章十三节、四章一节、四节和五节。在四章七至十节，雅各总结上面四个问题，作出劝勉和教导。整段信息内容，围绕在"嫉妒"这个词语之内(三 14、16，四 2、5)，为此，雅各呼召他们悔改。

三 13　"你们中间谁是有智慧、有见识的呢?"　"智慧"(sophia = wisdom)，见一章五节注释。智慧是指洞察事物真相的能力，[18]"有见识"(epistēmōn)，在新约经文中，只有在此处出现。在古典希腊文著作中，这字代表"有技巧"。七十士译本用这字来翻译申命记一章十三节的，是形容审判官对事物的洞察力和分析力。梅雅说这个字可以形容今日有科学头脑的人，专业知识分子。[19] 而两个词一起使用的情况，常见于旧约经文之中(例如：申一 13、15，四 6；但五 12)。当形容一个人有智慧、有见识，乃是形容这个人是按着上帝的心意而生活、去看事物的价值。[20] 而这两个特征，乃是教师必须具有的质素，故此，雅各这句话，乃是根据上文第一节而发的。

"他就应当有美好的生活，用明智的温柔，把自己的行为表现出来"

"他就应当……表现"，对于雅各这句修辞式句子，他自己心中是有答案的。他要求那些自己认为是有智慧、有见识的人，用实际生活行为证明出来。"有智慧、有见识"，就像"有信心"一样，是个抽象意念，是潜在

---

⑰ L. T. Johnson，"James 3:13 - 4:10 and the Topos peri phthonon,"*Nov Test* 25(4,'83)，327 - 347.

⑱ Vine，1233. "Wisdom is the insight into the true nature of things".

⑲ Mayor，121.

⑳ Davids，96.

内心的,必须用外在的生活行为来证印,才算数的。

"美好的生活" 原文是"好行为"(tēs kalēs anastrophēs),指生活、行为、举止上的基督徒见证。

"用明智的温柔,把自己的行为表现出来" "表现"(deixatō),参二章十八节注释。使徒彼得亦有相同的教导,参看彼得前书一章十五节。"明智的温柔",原文是"智慧的温柔",这个"智慧"一词,与上句的智慧前后呼应。你说你有智慧、有见识(如同一个教师),那么你便要"用智慧的温柔",活出你的"好行为",作成你的工作。

"智慧的温柔" 是"来源属格"(genitive of source),意思是由智慧而来的温柔。下文我们将会讨论到,雅各书中的"智慧"结出的果子(三17~18),与保罗论到圣灵结出的果子(加五22),几乎意思相同。而温柔是圣灵的果子之一。"温柔"并不是软弱无能,这个字最初是用来形容一只被驯兽师或马夫驯服的野马。一头任性不羁的野马变为一头受主人控制、驯服的良驹。㉑ 若果我们把十三节与第一、二节的教训连起来看,我们就会明白,雅各在这里仍然是论到作教师的人要控制自己的舌头——温柔的舌头(三2、8),如同野马被驯服一样。

"行为" 这词原文是"工作"(ta erga),指工作的实际表现、成果。雅各要求作教师的人,就是自称具有智慧和见识的教师,要约束自己的舌头,见证自己生命的成果。"用明智的温柔"与下文十四节的"夸口……说谎抵挡真理"相对,因为那种智慧是属鬼魔的(十五节)。

三14 "如果你们心中存着刻薄的嫉妒和自私" "如果……"(ei de = but if),提出与第十三节相对的情况。这里仍然是指"教师"的行为表现。

"刻薄的嫉妒" "刻薄"(pikron),这字在第十一节译作"苦",形容嫉妒中带有苦涩味道。而"自私"是一种惟我独尊的态度,是有私心、有个人野心的情况。当"刻薄的嫉妒"和"自私"两组词语放在一起之时,可以解释为:这个人(教师)心中充满个人野心,出自好胜的热诚去争取个人的表现。这种精神与"明智的温柔"成了强烈的对比。何特

㉑ Barclay, 155.

说："一个为人阴险的领袖，自创门户。这可能是出于野心勃勃，或可能是自骄自傲。这样的领袖，很可能会使自己的意见强制执行。"[22]

"就不可夸口，也不可说谎抵挡真理"　雅各劝谕他的读者，不要为维护自己党派的见解和主张而骄傲自夸（参林前一 10）。这种存有偏见，为自己利益而作的争辩，往往会违反他所维护的真理。雅各毫不客气，直斥其非，这番话的含意反映了上文第六节"舌头是个不义的世界"，故此作为教师要特别小心。真智慧的表现是"温柔"，不是"夸口"。

三 15　"这种智慧不是从天上来的，而是属地的、属血气的和属鬼魔的"

"这种智慧"　是指十四节的情况。"天上"，原文是"上面"，即是从上帝而来。前面一章十七节说过，各样美好的赏赐，各样完备的恩赐，都是从上面，就是从众光之父降下来的。而一章五节，雅各劝信徒向上帝求取智慧。因此，真智慧是从上帝而来的。但是第十四节那种智慧，显然与上帝的本性不符合。

"而是"　原文是 alla＝but，这个词含有相反意见的意思。这种智慧不是从上帝来的；相反地，是从地上来的，是属血气、属鬼魔的。这三个词句总括了一切与"天上"相对的情况。"属地"与"天上"对比。地上的是暂时的、会过去的；天上的是永恒的、永存的。使徒保罗在哥林多后书五章一至二节就用了"地上的帐棚"与"天上永存的房屋"作出对比。

"血气"　原文是 psychikē＝unspiritual，在哥林多前书二章十四、十五节，血气和属灵相对，指一个未经历重生之人的本性。"属鬼魔"，指这种智慧，在本质上是由魔鬼而来的。保罗也有指出假教师的智慧是来自魔鬼的（提前四 1，六 3～4、11）。

三 16　"因为凡有嫉妒和自私的地方，就必有扰乱和各样的坏事"

"嫉妒和自私"　见上文第十四节，是指那些假教师存着建立自己门户之见的野心来进行教学活动、演讲，就会到处挑启争端。

"扰乱"　见上文第八节。

---

[22] Hort，82－83.

　　"坏事"　原文是 phaulon pragma = worthless practice,布迪译为
"无意义的活动"。㉓ 换而言之,当那些假教师彼此结党,为求达到自己
的野心而挑启争端,必然会引致扰乱和各样无谓的争吵。

　　三 17　"至于从天上来的智慧"　上文十五、十六节说到属地的智
慧引来扰乱纷争;现在十七、十八节说到属天的智慧能带来和平。"从
天上来",就是从上帝而来(参十五节)。

　　"首先是纯洁的,其次是和平的……"　"首先"(prōton),含有"最
基本"的意思。纯洁是智慧的最基本原素,㉔或是指核心质素(inner
quality)。㉕"其次"(epeita),是指引伸而来的,是外围的特性(outer
characteristic)。㉖

　　"纯洁"　原文 hagnē 由动词 hazomai 而来,意思是毕恭毕敬地站
立,引伸为道德上纯洁、正直、忠诚。㉗ 从上帝而来的智慧,本质上是圣
洁的,是从至圣的上帝而来的(参一 27),这是属天智慧的基本特质。
由此引伸而来的其他特性,有下列七种:

　　(一)和平,基督徒是和平之子,是使人和睦的(太五 9)。真的智慧
是不易被激怒的(参一 19);不引起争端和扰乱(三 16)。

　　(二)温柔(epieikēs),与上文十三节的温柔(prautēti)在原文上
是不一样的。这里的温柔有和平、谦让的意思。布迪解作"为他人设
想"(considerate)。㉘ 保罗用这字与争竞相对,解作"温和"(提前三
3);亦与 prautēta 同时使用,解作"谦恭有礼"(多三 2,和合本译作
"和平")。

　　(三)谦逊,RSV 译为"肯听理由"(open to reason),含有愿意顺
服、容易相处的意思。

　　(四)恩慈,或作怜悯(二 13),有对人宽恕、慈祥的意思。

　　(五)善果(Karpōn agathōn = good fruits),引伸为行为上的良

㉓ Burdick,191.
㉔ Mayor,126.
㉕ Vincent,359.
㉖ 同上。
㉗ Kistemaker,125.
㉘ Burdick,191.

善。圣经常常用"结出良善的果子"这种比喻来说明一个真基督徒的特质(参太二十一 43；加五 22；弗五 9；腓一 11 等)。

"满有" 原文是 mestē，按文法来说是可以同时指恩慈和善果。就如新译本译作"满有恩慈和善果"。而和合本则把 mestē 这个字重复使用，译作"满有怜悯、多结善果"。属地的智慧，不约束自己的舌头，他说的话是"充满了致命的毒素"(三 8)；但属天的智慧，有温柔(受约束)的舌头(三 13)，他说的话是"满有恩慈和善果"(三 17)。

(六)没有偏袒，"偏袒"这个字，在二章四节译作"歧视"。有真智慧的教师，不会对人有偏见，不会一口两舌(参三 9、10)。

(七)没有虚伪，指这个人真诚，说话直截了当，不装模作样。假教师则是"说谎话抵挡真理"(三 14)。

三 18 "这是缔造和平的人，用和平所培植出来的义果" 这节经文第一个字是"果子"(karpos)，跟着是一个虚词 de。表示雅各在这里要总结属天智慧特性的讨论。他称上述七种表现是"公义的果子"(karpos dikaiosynēs = the fruit of righteousness)。我们若把保罗在加拉太书五章廿二节所说"圣灵的果子"(karpos tou pneumatos = the fruit of the Spirit)作出比较，不难看出雅各所说的"公义的果子"就是"智慧的果子"；也就是保罗所说的"圣灵的果子"：

雅各智慧的果子 = 公义的果子	保罗圣灵的果子(加五 22)
纯洁	仁爱
和平	喜乐
温柔	和平
谦逊	忍耐
恩慈	恩慈
善果(良善)	良善
没有偏袒	信实
没有虚伪	温柔
	节制

虽然雅各在本书里从始至终没有提及圣灵,但雅各书中的"智慧",几乎和保罗在加拉太书五章廿二节的"圣灵"是相同意义。能够结出智慧果子的人,显然是已经重生得救的人(一 18);他已经接受了上帝所栽种的道(一 21);他也没有抵挡真理(三 14)。这就回应了上文一章十九、二十节的"成全上帝的义",就是说,上帝赐给这个人有属天的智慧,能领受真道。

"缔造和平的人"　基督徒是和平之子,是使人和睦的(太五 9),指有属天智慧的真信徒,真教师。

"用和平所培植出来的义果"　"培植"(speiretai),圣经一般译作"撒种"(参林前十五 36、37;林后九 10)。保罗说:"顺着自己的肉体撒种的,必定从肉体收取败坏;顺着圣灵撒种的,必定从圣灵收取永生"(加六 8)。人种下什么因,就收到什么果,并没有"培植"的意思。现代中文圣经就译作"为和平努力所撒的种子"。还有,保罗用撒种的比喻,说把属灵真理讲解给信徒听,如同撒种一样(林前九 11),这种用词,就与雅各所用的相同。旧约先知何西阿也用了同样的比喻:"你们要为自己撒种公义,就能收割慈爱的果子"(何十 12)。

总括而言,雅各在第十三节所问的问题:"谁是有智慧、有见识的〔教师〕呢?"("教师"二字是参照第一节而加的)属地、属血气、属鬼魔的智慧,只会带来扰乱纷争。属天的智慧,乃是真教师所拥有的,看他工作的果效便可以知道,因为他是和平之子,结出的是公义的果子。

捌　信心考验之六：世俗化的诱惑（四 1～五 12）

第六个信心考验的试题，是关乎世俗的影响。雅各提出四个方面：追求物欲；个人主义；损人利己；目中无神。

(I) 世俗化之一：追求物欲（四 1～12）

1　你们中间的争执和打斗是从哪里来的呢？不是从你们肢体中好斗的私欲来的吗？

2　你们放纵贪欲，如果得不到，就杀人；你们嫉妒，如果一无所得，就打斗争执。你们得不到，因为你们不求。

3　你们求也得不到，因为你们的动机不良，要把所得的耗费在你们的私欲上。

4　淫乱的人哪，你们不知道与世俗为友，就是与神为敌吗？所以与世俗为友的，就成了上帝的仇敌。

5　圣经说："你们爱他那安置在我们里面的灵，爱到嫉妒的地步。"你们想这话是徒然的吗？

6　但上帝所赐的恩更大；所以圣经上说："上帝抵挡骄傲的人，赐恩给谦卑的人。"

7　你们应当顺服上帝，抵挡魔鬼，魔鬼就逃避你们。

8　你们应当亲近上帝，上帝就亲近你们。罪人啊，要洁净你们的手；三心两意的人哪，要清洁你们的心。

9　你们要愁苦、悲哀、哭泣，把欢笑变成伤痛，把快乐变为忧愁。

10　你们务要在主面前谦卑，他就使你们高升。

11　弟兄们，不要互相毁谤；人若毁谤弟兄，或判断弟兄，就是毁谤律法、判断律法了。如果你判断律法，就不是实行律法的人，而是审判官了。

12　立法的，审判的，只有一位，就是那能拯救人，也能毁灭人的上帝；你
这判断邻舍的，你是谁呢？

（ｉ）追求物欲享乐（四1～3）

　　四章一至十二节这段经文，语气十分突然，而且用词亦充满火药味
和爆炸性，因此有些解经家认为与上文没有关联，自成一个独立篇章。
不过若说在第四章开始这一段才有火药味，则未见公允。雅各在前面
三章之中，亦有措词强硬，斥责读者的不是，参看一章七、八、廿一、廿
六节，二章四、六、九、十三、十九节，三章一、六、十、十四至十六节等。
而四章一节的"争执和打斗"，正是回应上文三章十四节，论到假教
师，他们的智慧是属鬼魔的，心中存着刻薄的嫉妒和自私，带来扰乱
和各样的坏事（参见上述经文注释）。故此，笔者认为这段经文是连接
上文的。

　　上文三章十三至十八节提到"教师"与"智慧"，两者有必然的关系。
而真教师的智慧是来自天上（三17），是属灵的，能结出公义的果子（三
18）。假教师的智慧是属地的、属血气的、属鬼魔的（三15）。他们存心
嫉妒、自私，到处挑启争端和制造纷乱（三16）。雅各在此是继续针对
这群假教师，他们动机不良（四3）、贪爱世界（四4），并且呼召他们悔改
（四8）。

　　四1　"你们中间的争执和打斗是从哪里来的呢？"

　　"你们中间"　参阅三13。雅各仍是向这群犹太人基督徒当中那
些自诩为有智慧、有见识的教师说话。虽然在学者中持有不同意见，
例如舒那达（Schlatter）说这段经文是指犹太人小区内发生的争执。①
雷格（Reicke）则认为这是指住在罗马的犹太人所进行的奋锐党式的
革命。②

---

① 转引自 Davids, 156.
② 同上。

　　"争执和打斗"　四章一至三节所描述的情况,到底是真实的打斗,抑或另有所指呢? 奥特理就认为,应该按字面的意思来解释。"鉴于经文中提到'你们肢体中好斗的私欲',并且劝导他们'要洁净你们的手','要清洁你们的心',所以若认为作者所指的情况是象征性的,则难以令人置信。"③不过笔者可以从奥特理的话中,找出支持这段经文可作象征性解释的理由,因为雅各劝导他的读者要洁净他们的手和洁净他们的心,正是应当用象征性来解说的。而许多解经学者都是持象征法或借喻法来解释这段经文的。④

　　"争执"　可以解作战争,亦可以指争吵或冲突。

　　"打斗"　可以解作争吵或打架。雅各用了这两个词作为夸饰法,描述信徒之间勾心斗角。

　　"从哪里来的呢?"　原文的句子结构,是把"哪里来"(pothen)这个字放在句首:pothen polemoi kai pothen machai。Pothen 是副词,指什么地方? 来自何处? 而雅各重复使用这个字,表示他要追究来源,寻根问底,好去对付它。

　　"不是从你们肢体中好斗的私欲来的吗?"　"从你们肢体中",原文是"在你们的肢体里"(en tois melesin hymōn)。罗布士认为这句话是指在教会里的肢体,教会中有几个人喜欢吃喝玩乐。⑤ 但是笔者同意戴维司(Davids)的看法,认为这句话是指个人内心的挣扎。⑥ 因为melos(肢体)这个字,在雅各书中,是指人的身体器官(参三 5、6)。再者,在其他新约经文中,这个字通常也是指人身体中的一部分(例如:罗十二;林前十二)。雅各在本书中多次提到个人内心私欲的争战(例如:一 13～15、21,三 13～16)。犹太人对恶欲的观念,更支持这里的"军事词汇的借喻"(military metaphor)。⑦ 戴维司引述了拉比的著作,说:"yesarîm(私欲)占据人身体上某些器官,向全身宣战,要控制身体上二

---

③ Oesterley，456.
④ 采取这立场的有 Mayor，Knowling，Davids，Moo，Adamson 等。
⑤ Ropes，253.
⑥ Davids，157.
⑦ 关于恶欲(evil yetzer)的解释,参阅前文一章十四节的注释。

百四十八个肢体"。⑧ 死海古卷 IQS4 亦有类似教训,叫人把情欲驱逐出身体之外。保罗在罗马书第六章至八章,也是用这些象征手法,描述肉体中与情欲的争战。战胜私欲的方法,在保罗的教训中是靠着圣灵(罗八 1~17;参加五 16~25);而在雅各书中,是靠着上帝所赐的智慧(雅一 5,三 17~18)。至于争战的场所,保罗和雅各都提到"在祷告之中"(罗八26~27;弗六 18;雅一 5~7,四 2~3)。

"**私欲**" 原文是 hēdonē,这个字转为英文的 hedonism(享乐主义),指任何吃喝玩乐(参路八 14;多三 3;彼后二 13)。

"**好斗**" 雅各用的这个分词,是复数属格关身语态现在分词,形容这个"私欲"占据人身,正在活跃地发动战争。这种描述就与上文提及的拉比所说的一样。⑨"为了满足个人欲望,我们肢体之内常有争战,内心不得安宁,并且影响其他的人"。⑩

四章二节和三节,响应第一节所发的两个问题。戴维司认为,第二和三节是一首诗歌,按照新译本的标点符号,句子安排如下:

a 你们放纵贪欲,

　　如果得不到,就杀人;

b 你们嫉妒,

　　如果一无所得,就打斗争执。

a' 你们得不到,

　　因为你们不求;

b' 你们求也得不到,

　　因为你们的动机不良,要把所得的耗费在你们的私欲上。

但是戴维司按照 UBS 版本希腊文圣经的标点符号,则会得出如下的句子排列(笔者按原文译为中文):⑪

---

⑧ Davids,157.

⑨ 同上。

⑩ Burdick,75.参罗七 23;彼前二 11。

⑪ Davids,157 – 159.

```
┌─► a  你们放纵私欲，
│         你们得不到；
│  ┌ b  你们杀人、嫉妒，
│  │       也不能够获得。
│  └ b' 你们打斗、争执，
│         你们得不到，因为你们没有祈求；
└─► a' 你们祈求了，
          你们亦得不到，因为你们动机不良，要把所得的耗费在
          你们的私欲上。
```

根据戴维司这种排列，除了符合 UBS 原文圣经的标点符号之外，同时亦为这两节诗句带出清晰的意义来：a-a'指出他们虽然向上帝祈求得着私欲的满足，因为动机不正，结果是一无所获。b-b'指出他们内心情欲的争斗情况激烈，得不到想要的东西。

四 2 "你们放纵贪欲" 原文只有一个字：epithymeite，指他们有强烈的欲望（参一 14）。摩西颁布上帝的诫命之中，叫人"不可贪恋"（出二十 17；罗七 7）。

"杀人"、"嫉妒"、"打斗"、"争执"（参四 1），是夸饰法，描述人放纵情欲的激烈状况。

四 3 "求也得不到" 主耶稣应许门徒，祈求就必得着（太七 7～9）。然而主耶稣也斥责门徒妄求（太二十 22），求得不对（路十二 30～31）。而雅各在这里说，他们求也不能得，因为他们"动机不良"。何以见得是动机不良呢？下面一句便指出了不良的地方："要把所得的耗费在你们的私欲上"。原文这句的开首是 hina，是个连接词，表示目的。换句话说，他们祈求要得着某些东西，以便能够尽情享乐（目的）。

"耗费在你们的私欲上" 意思是为了私欲之目的而享用、花费。"耗费"这个词的原文，与浪子"耗费"父亲的家产相同（路十五 14）。"私欲"这个词，就是肉体的享乐。早期教会时代，已经有许多假教师出现，到处招摇撞骗，牟取私利，贪图钱财（参提前六 3～5，9～10；提后三 2；彼前五 2）。

既然假教师会落在这些试探之中而堕落，雅各警告信徒要对付我们自己的肉体，抵挡魔鬼的引诱。

（ii）警告：从失败的地方回转（四4～10）

（一）对付肉体的私欲（四4～6）

　　四4　"淫乱的人啊，你们不知道与世俗为友，就是与上帝为敌吗？所以与世俗为友的，就成了上帝的仇敌"

　　雅各在转换话题，或是促请读者注意之时，惯用"我的弟兄们"的呼唤（参阅一16、19，二1、5、14，三1、10）。但是在这里，雅各仿效旧约先知说话的口吻。

　　"淫乱的人"　原文是 moichalides，解作"淫妇"，是阴性名词。旧约先知的口中，常用"淫妇"这个词直指背道的以色列民（参看结廿三44～45），或说以色列"行淫"（参看结廿三7、18等；何六10）。正如上文一至三节的"杀人"、"打斗"应当视作借喻来处理，这里的"淫乱"也应当看作是借喻用途。因为雅各在这里所说的"淫妇"，是"与世俗为友"之意，而不是指肉体上犯奸淫。在旧约圣经中描述耶和华是丈夫，以色列民是妻子。以色列百姓离开上帝，转去拜假神偶像，等于妻子背离丈夫（赛一21，五十1，五十四1～6，五十七3；耶三章，十三27；结十六38，廿三45；何一至三章，九1）。新约福音书中记载，主耶稣也用"淫乱的世代"来指斥当日不信的犹太人（太十二39，十六4；可八38）。在新约圣经中，常把教会比喻作基督的新妇，因此，背道的基督徒也是淫妇（参林后十一2；弗五22～24；启十九章、廿一章）。舒密特（Schmitt）指出，雅各用"淫妇"这个称呼来形容他的读者，不仅是指斥他们与世俗为友的罪，更是指他们的态度，生活败坏却毫无羞耻之心。⑫

　　"你们不知道……吗？"　这个问题引述了两句平行句子，用 ou 这个希腊字来发问，表示要求的答案是："知道"。读者应当知道：

　　　与世俗为友，就是与上帝为敌。

　　　与世俗为友，就成了上帝的仇敌。

---

⑫ J.J. Schmitt, "You Adulteresses! The Image in James 4:4," *Nov Test* 28(4, '86), 327-337.

上文第一句很像引述格言：你知不知道有这样的话："与世俗为友，就是与上帝为敌"？第二句是雅各对这句格言的应用：所以，谁愿意（boulethēi，新译本漏译此字；和合本则译作"想要"）与世俗为友，谁就是"故意使自己成为"上帝的敌人。雅各用这两个动词，意思十分明确，可惜中文译词没有表达出来。原来"谁愿意"这个字，含有"渴想"、"深思熟虑的选择"之意。因此，显出这个愿意与世俗为友的人，是明知故犯的。而"成了"上帝的仇敌这句，"成了"的原文是 kathistatai，意思是"故意使自己成为"。这个离开上帝背道的人，是不顾一切后果的犯罪。使徒约翰也对这些信徒发出警告："人若爱世界，爱父的心就不在他里面了"（约壹二15～17）。"世俗"这个词，原文是 kosmos，其他地方也译作"世界"。这字借喻为人类社会中由不信上帝而产生的道德观、价值观。由此而影响人的生活，任性放荡。

四5　"圣经说"　为了支持上文的话，雅各在这里便引用圣经的教训。至于雅各引述的经句出自何处呢？我们在已知的旧约圣经中，找不着这样一句经节。Davids 曾经详尽地讨论过这个问题，并搜集各位解经家的意见。[13]

（一）引述七十士译本中的创六3～7；出二十5；亚一14 等。支持此说的有梅雅、卢宁（Knowling）、罗布士。

（二）混合太六24；罗八7；约壹二15 而作出的经训。这是戴威特（de Wette）的看法。

（三）取自遗失了的希伯来文福音书或次经。这是雷舒（Resch）、摩法特、司必达（Spitta）、迪布理的观点。

（四）引述昆兰社团（按：在两约之间时代，离群索居于死海附近旷野的宗教团体）生活守则的一段内容概要（IQS4：9ff）。这是嘉士特（Gaster）的意见。

（五）来自一段受损毁的经文，要用想象力修改，加上标点符号而成。

戴维司研究多家学说，他的结论乃是：雅各并不是直接引用旧约一

---

[13] Davids，162－164.

句经文,而是把旧约经训中有关的观念组成或简化成为一句。[14] 这种见解颇为稳重合理,不同上述所提的第(三)(四)(五)的观点,只凭猜测。亦可以综合上述第(一)的观点,指出旧约圣经有类似的教训。而第(二)点认为雅各引述新约经文,则似乎把雅各书写作时期推到第一世纪末期,不甚可取。

"上帝爱他那安置在我们里面的灵,爱到嫉妒的地步"。要正确地翻译和解释这句话是颇费周章的。首先让我们看看原文是怎样的:

Pros phthonon epipothei to pneuma ho katōkisen en hymin

To   envy (he) yearns the spirit which dwelt in us

倾向 嫉妒 (他)渴想   灵(关系代名词)   住   在我们里面

首先,这句子没有主词(subject),那么"住"(katōkisen)这个动词的主词是谁呢? 一般中文译文把"使之住在"(katōkisen)这个动词的主词,归之于"上帝",并且把这动词当作"致动的"(causative)。例如:"神所赐住在我们里面的灵"(和合本)。"上帝爱他那安置在我们里面的灵"(新译本)。"上帝赐下住在我们心里的圣灵"(当代译本)。换而言之,这"灵"(to pneuma)是上帝使"他"住在我们里面的(en hymin),这样解释,在神学上是没有问题的。即使不加上"上帝"二字,我们一定可以理解,主词就是上帝。不过"灵"这个字,有人解作"圣灵"(例如当代译本,并有释经学者 Ross 和 Oesterley)。[15] 亦有人解作"人的灵"(human soul,参创二7),例如:新译本、和合本、现代中文译本等。究竟 to pneuma 是圣灵还是人的灵,这在下文自有交待,因为关键在句首的三个希腊文:pros phthonon epipothei = (he) yearns toward envy,可译为"(他)强烈渴想、倾向、嫉妒"。而"嫉妒"这个字,含有贪恋、非份之想的恶意或是恶念。这样看来,整句话的意思就是:这个住在我们里面的灵,有强烈的渴想,而这种渴想是倾向恶念的,故此,这个"灵"是人的灵。

这种解释,是符合雅各在上文的论述的。雅各在本章一至四节,指出读者内心私欲的争战,强烈的欲望,有不良的动机,要贪图享乐,这样

⑭ 同上书,170。
⑮ Ross,78 - 79;Oesterley,459.

的人贪爱世俗，是与上帝为敌的。接下来，雅各引述旧约经训，证实人性的罪恶和软弱："住在我们里面的灵，渴想着嫉妒的意念"。NEB的译词就反映了这个解释，而且译得十分正确："The spirit which God implanted in man turns to envious desires"（上帝栽植在人里面的灵，转向嫉妒的欲望）。雅各在这里指出人有罪欲的倾向：出自私欲的争执、打斗（四1）；放纵贪欲（四2）；动机不良（四3）；"淫乱"、"与上帝为敌"（四4）。圣经说得不错，人的灵转向邪恶欲念，如同创世记六章三节和五节所说的："人既然是属肉体的，我的灵就不永远住在他里面"，"耶和华看见人在地上的罪恶很大，终日心里思念的，尽都是邪恶的"。普格特（Prockter）便是把雅各书四章五节译为："他所放、住在我们里面的灵，对邪恶有强烈的倾向"。普格特说，面对将要面临的审判，雅各叫读者以挪亚为智慧人的模范，他抗拒心中恶念的倾向，以行动证实他是上帝的朋友，是世界的敌人。[16]

如果我们同意上述的解释，便会发觉一般的中英文译词不但意思含糊，难以理解，更是与上文下理所说的并不衔接。普格特和NEB的译句，就能贯彻上下文的意思了。

"你们想这话是徒然的吗？""徒然"（kenōs），是形容词，解作"空的"、"没有效果的"、"愚蠢的"。换而言之，圣经的话（指上面引述的句子）是真实的、确实的、有先见之明的。

四6 "但上帝所赐的恩更大；所以圣经上说：'上帝抵挡骄傲的人，赐恩给谦卑的人'"

"但" "但"（de），表示人的处境虽然是这么败坏，但是并非绝望。"上帝所赐的恩更大"，本节经文两次用"赐给恩典"（didōsin charin）。这是引用箴言三章三十四节，彼得前书也引用过（彼前五5～6）。舒那达认为这里的"恩典"是指圣灵而言。[17] 但是根据上文下理，应该是指赦罪之恩。人的本性虽然倾向恶欲，喜爱与世俗为友。可是上帝并不因此放弃，让人就此被魔鬼掳去。上帝仍然赐下恩典，叫人回转。

"更大" 是"大"的比较级。上帝是一位乐意施恩者（参一5、16，

---

[16] L.J. Prockter, "James 4：4－6：Midrash on Noah," *NTS* 35(4, '89), 625－627.

[17] 转引自 Davids, 164.

二 5）。

(二) 对付魔鬼 (四 7～10)

　　四 7　"你们应当顺服上帝,抵挡魔鬼,魔鬼就逃避你们"　第七节至十节有一连串的命令句子。所用的动词是以往时态命令语气,特色是要求听见的人立即有响应。[18]　根据戴维司分析,这是一组二音节诗句(couplets)[19]

七节　　你们应当顺服上帝(题目)

八节　{务要抵挡魔鬼,魔鬼就逃避你们。
　　　　务要亲近上帝,上帝就亲近你们。
　　　　{洁净你们的手,罪人啊!
　　　　洁净你们的心,三心两意的人啊!

九节　　你们要愁苦、悲哀、哭泣;
　　　　{欢笑者要转为伤痛;
　　　　快乐者要变为忧愁。

十节　{你们务要在主面前谦卑,
　　　　他就使你们升高。(结束)

　　整段诗歌以呼召人顺服上帝为题。"顺服"与上文"骄傲"相对,所以这诗是响应四章一至六节:放下私欲、贪念;不要与上帝为敌;承认人性中恶欲的倾向;谦卑认罪归向上帝。"顺服"乃是在意志上降服和听从上帝。

　　雅各在前文辩称,试探不是从上帝而来,而是由于人内心的欲念而来(一 13～15)。在后来,雅各补充说:人内心的欲望背后,有鬼魔的诱惑(三 6、15)。

　　"抵挡魔鬼"　"魔鬼"的名,意为"敌挡者"、"控告者"(参伯一 6～11,二 1～5;启十二 9～10)。魔鬼是敌挡上帝、敌挡上帝的儿女的。我们若站在魔鬼的一方,与世俗为友,就等于与上帝为敌。我们应当顺服

----

[18]　转引自 Davids,164.
[19]Burdick,194.

上帝,站在上帝的一方,去抵挡魔鬼,魔鬼就会逃跑。

四8　"你们应当亲近上帝,上帝就亲近你们" "亲近上帝",以色列的祭司在会幕或圣殿中事奉上帝,履行祭司的职务,称为"亲近上帝"(参出十九22;利十3;结四十三19,四十四13)。上帝呼唤罪人悔改,回转归向他。人必须自觉得罪上帝,甘心回转,顺服上帝的管教责备,上帝就必定回应。旧约先知常常提醒人要先回应上帝的话;上帝就回应人的悔改(参代下十五2;亚一3;哀三57)。

"罪人啊,要洁净你们的手;三心两意的人啊,要清洁你们的心" 祭司进入会幕事奉之先,必须在洗濯盆洗净自己(参出三十17～21)。

"罪人啊!" 这是措辞严厉的称呼。上文称他们是"淫妇"(四节)。罪人就是与上帝为敌,与上帝隔绝。罪人必须先得洁净,才可以亲近上帝。

"三心两意" 原文 diphychos 是"双重人格"的意思,形容人有两个意念,永远无法定下结论(参一8)。这里是指他们在与上帝为友抑或与世俗为友之间徘徊挣扎。昔日先知以利亚对背道拜巴力的以色列百姓发出挑战:"你们三心两意,要到几时呢? 如果耶和华是上帝,你们就应当随从耶和华;如果巴力是上帝,你们就应当随从巴力"(王上十八21)。

要洁净"手"和"心",两者分别代表"行为"和"思想"。

四9　"你们要愁苦、悲哀、哭泣,把欢笑变为伤痛,把快乐变为忧愁" 这种句法,是仿效旧约先知,呼唤人悔改的语气。"愁苦"原文是(talaipōrēsate),是个十分强烈的字,意思是非常悲惨、哀恸。这字的名词又译作"灾祸"(五1)。这字与上文追逐世俗享乐的情况形成尖锐的对比。"悲哀"原文是 penthēsate,指情绪上的伤痛。"哭泣"原文是klausate。Trench 指出,pentheō 时常与 klaiō 并用(参撒下十九1;可十六10;启十八15)。因此,内心悲哀,发诸于情绪而哭泣。[20]

"把欢笑变为伤痛,把快乐变为忧愁" 原文强调把"你们的"欢笑转变为伤痛。这个"你们的"是漏译了。意思是现在追寻私欲、享乐的

---

[20] Trench, § lxv.

人,要为自己贪爱世俗的罪而悔改(参路六 24～26)。

四 10　"你们务要在主面前谦卑,他就使你们高升"　参上文第六节。因为上帝赐恩给谦卑的人。雅各这句话,是回应上文引述旧约的教训,并作出结语。

(iii) 警告:不要彼此批评(四 11～12)

本段经文与上文的关系并不是很明显,可能是在第十节提到"务要在主面前谦卑",引入这个新的话题。[21] 毁谤别人,把自己当作审判官,在上帝面前是骄傲的表现(参第六节)。依笔者看来,第四章是承接第三章,论及作为教师的人,要有智慧、有见识,特别在"舌头"的功能上,约束自己和自己的教训,教师会受更严厉的审判(三 1)。第四章论到假教训之间的争执、打斗(四 1～2)。到四章十一、十二节,雅各总结论到教师的问题,响应三章一节的教训:你们将会面对上帝的审判;你们要停止彼此之间的批评了!

四 11　"弟兄们"　雅各现在的语气变为婉转(比较四 4"淫妇",四 8"罪人啊"、"三心两意的人啊!")。但是雅各仍然是指责他们的罪。第十一节用了三次"弟兄"(adelphos)这个词,更是强调了那些"互相毁谤"者彼此的关系。弟兄本来情同手足,却彼此相煎,实在不对。

"不要互相毁谤"　所用的否定助词是 mē,与毁谤这个动词一起,是个现在分词,表示这个动作要立刻停止。不要再继续互相毁谤了! 要停止啦!"毁谤"(参彼前二 12),指言语上的人身攻击,不是就事论事的批评。

"人若毁谤弟兄,或判断弟兄,便是毁谤律法、判断律法了。如果你判断律法,就不是实行律法的人,而是审判官了"　本节经文中,"毁谤"(katalaleō)这个词用了三次,是说别人的坏话,把别人贬低的意思。"判断"(krino)这个词用了四次,而第四次是个名词,译作"审判官"。我们试把这段话按原意再译一次,便是这样:

---

[21] Moo, 151.

不要再互相 毁谤 了，弟兄们！

(A)　　　那个 毁谤 弟兄的，
　　　　或是判断他的弟兄的；
　　　　乃是 毁谤 律法，
　　　　判断律法。

(B)　如果你判断律法，
　　　　你就不是个律法的实行者，
　　　　而是个〔律法的〕判官了。

译文中〔律法的〕一句，乃笔者按文意加上的。新译本中的(A)组部分，是指出事实。事实就是有毁谤弟兄的人，判断弟兄的人。而这个人所作所为，就等于毁谤律法，判断律法。因为律法叫人"爱人如己"、"不可杀人"(参二 8、11)。雅各也在上文劝导他们："你们既然按着使人自由的律法受审判，就应照着这律法说话行事。因为对不行怜悯的人，审判他们的时候就没有怜悯；怜悯胜过审判"(二 12〜13)。因此，当他们彼此判断，互相毁谤之时，就是破坏了律法诫命，认为不必遵守，人的私欲争斗就凌驾在律法之上了。而(B)组部分是作出结论，指出他们不是律法的实行者；而是律法的审判官，自己骑在律法上面了。

四 12　"立法的，审判的，只有一位，就是那能拯救人，也能毁灭人的上帝；你这判断邻舍的，你是谁呢？"　意思就是说：只有一位立法者、一位审判者。"那能"，原文是 ho dynamenos = the（one）being able。Dynamis 通常解作"全能者"、"大能者"。上帝就是那位全能者，他能拯救人，也能毁灭人。

"你是谁呢？"　这句原放在"你这判断邻舍的"之前，有强调作用，而且有个助词 de"可是"，表示与全能的上帝相比，你算是什么？这里用"邻舍"一词，显然是反映律法中"爱人如己"的话("人"字，原文是邻舍，参二 8)。故此，毁谤弟兄，就是毁谤律法，因为当他毁谤弟兄(他的邻舍)之时，他也就是违背"爱邻舍如同自己"的律法了。旧约有明训，禁止毁谤别人(利十九 16；诗五十 20，一〇一 5；箴二十 13)。新约常把

"毁谤别人",列入坏事名单(罗一 30;林后十二 20;彼前二 1;彼后二 12,三 16)。同时,新约圣经亦劝导人不要自己作审判官(太七 1~5;路六 37~42;罗二 1,十四 4;林前四 5,五 12;参约七 24,八 15~16)。

(II) 世俗化之二:个人主义(四 13~17)

13 你们说:"今天或明天,我们要到某城去,在那里住一年,作生意赚钱。"

14 其实明天怎样,你们并不知道。你们的生命是什么呢? 你们本来是过眼云烟,转瞬之间就消逝了。

15 你们倒不如说:"主若愿意,我们就可以活着,作这事或作那事。"

16 但现在你们竟然张狂自夸;这一切的自夸,都是邪恶的。

17 人若知道该行善事,却不去行,这就是他的罪了。

　　雅各继续谈论世俗化对信徒的影响。上文第一至第十二节,主要对象是假教师。现在的对象是做买卖的商人。

　　四 13 "你们说:'今天或明天,我们要到某城去,在那里住一年,作生意赚钱'" 这节经文最开首的两个字是:age nyn = come now。新译本漏译了,而和合本则译作"嗐"。这两个希腊字组成的词语,通常用在责备的句子之前,警告人:"听着!"[22]

　　"你们说" "说"这个动词,是现在时态的分词,显示这并非个别事件,而是常常发生的。雅各在这里提到有些商人到外地经营的计划。他们颇有信心,决定要去何处,何时去,逗留多久,并且知道一定赚钱!

　　"今天或明天" 布连格认为,这个"或"字(原文是 hē)作者用的是假设语气,借用为直述语态。[23] 意思是"我们必定会去,就在一两天之内成行"。全节用了三次连接词"和"(kai),布连格亦看出这种措辞,表示说话的人有把握和自信心:[24]

----

[22] Adamson,178.

[23] Bullinger,513.

[24] 同上书,226。

> 今天或明天，
>
> 我们会去到这个城。
>
>> 〔kai〕我们在那里工作一年，
>>
>> 〔kai〕我们做生意，
>>
>> 〔kai〕我们会赚大钱。

"某城"　原文 tende tēn polin = this city，应作"这个城"。我们可以想象，他们几个商人围在一起，桌子上张开一幅地图。其中一个人指着地图上一个目标城市，向他的同伴说："我们要去这里"。[25]

"要到"　原文 poreusometha，解作"旅行"，有时是指一队兵士行军。在这里是指这队商人作"商业旅行"，进行商务活动。[26]

"在那里住一年"　原文不是说"住"，而是说怎样利用时间。"住"的动词是 poieō，解作"做"工。同一字根的 poiēsis，在一章廿五节新译本译作"实行"。这个字与"时间"(这里是"一年")连在一起使用，是指"花费若干时间"。[27] 这几个商人的计划，乃是花费一年工夫在这个城做生意。而他们所做的不是"长线投资"计划，而是希望短期之内获得丰厚的投资回报。

"作生意赚钱"　这句包含两个动词："作生意"，原意是"旅行"(poreuomai)，引伸为商务旅行，故此可以解作"做生意"。这字与上句的"到"字，是同一字源。另一个动词是"赚钱"。他们很有自信，这次商务旅行必然会发达。

四 14　"其实明天怎样你们并不知道"　"其实"(hoitines)，是关系代名词(relative pronoun)，指出第十三节的自信自负，其实是对自己认识不够。我们连"明天"会怎样也没有把握，怎么可以对一年之后的事有把握呢？"明天怎样，你们并不知道"这句话，可能有两个意思：(一)明天是晴天？雨天？指我们不知道明天的环境、情况。参当代圣经，译作："你们根本不知道明天的事"。(二)明天还活着吗？指我们不知道能否活着到明天。按照下文所说，应该是指第二种解释。现代中

---

[25] Ross，82.

[26] Adamson，179.

[27] *The Analytical Greek Lexicon*，732.

文译本就译为:"你们连明天还活着没有都不晓得!"

"你们的生命是什么呢? 你们本来是过眼烟云,转瞬之间就消逝了"
"什么"(poia = what),是指什么性质。雅各说:"是过眼烟云"(atmis = vapour),可以解作"烟"或"雾",只是出现一会儿便消失了。耶稣说过一个比喻,提到有个"无知"的财主,以为可以盖个大仓房,收藏粮食财物,从此不愁衣食,可享安乐。可是上帝却对他说:"无知的人哪,今天晚上,就要取去你的灵魂,你所预备的要归给谁呢?"(路十二 20)这个人的"无知",也是对自己明日能否存活一无所知。

第十四节经文,因为标点符号不同,影响了经文的意义。有些译本把问题句子看为是:"你们不知道你们明天的生命会如何"(you do not know what your life will be like tomorrow)。现代中文译本就译为:"你们连明天还活着没有都不晓得!"⑳另外有些译本把这句话分为两部分,第一部分是直述句,第二部分是问句,正如新译本与和合本。第一句说:"其实明天怎样,你们并不知道。"第二句是:"你们的生命是什么呢?"这种处理的方法,较能符合上文下理的意思,而且照原文句子"什么"(poia)这个字的排列位置(word order)是紧接着"生命"(hē zōē)这个词语的。㉑

四 15　"你们倒不如说:'主若愿意,我们就可以活着,作这事或作那事'"　这节经文的话,是针对第十三节的那几个商人说的。雅各提议他们,不要说:"今天或明天,我们要到某城去,在那里住一年,作生意赚钱",应该换作另一句话,就是这里第十五节所说的。这句话表示说话的人对上帝倚靠的心,而不像上文那种自负的态度。

"主若愿意"　这句话,是基督徒表示愿意遵从上帝,顺服上帝的心(参四 6,10)。"主若愿意"一词,常宣诸于使徒的口(参徒十八 21;罗一10;林前四 19,十六 7;腓二 19,24;来六 3)。

"可以活着,作这事或作那事"　句子的结构,仿效第十三节的措辞,用了两个连接词"和"(kai)。生命是上帝所赐的,人能够活着,才可以论及其他。人不仅是活着便可以,人是否有气力工作? 工作能否有

---

⑳ 采用此种译文的还有 NASB, GNB, Nestle Aland (26th ed.), UBS (3rd. ed.).
㉑ 用此译文的有 RSV,AV, NIV, NEB。参考 Moo, 155.

效？人是无法控制的。我们必须承认人的有限。

四16　"但现在你们竟然张狂自夸；这一切的自夸，都是邪恶的"

"但现在"　原文是 nyn de = but now，这两个助词，是表达相反的情况。雅各在第十五节劝导这些商人要谦卑、倚靠上帝。可是他们不听，相反的，竟然还张狂自夸。

"张狂自夸"　原文是"为你们的虚荣而夸口"。意思是说：他们骄傲、自信地夸口，其实那份自信是没有基础的、没有把握的。保罗引述旧约先知的话说："夸口的，当指着主夸口"(林前一 31；参耶九 23～24)。

"邪恶"　圣经把"夸口"列为罪恶的表现(罗三 27，四 2；林前一 29，五 6；加六 13)。除非人是为主受苦，以上帝为夸口(参雅一 9；罗五 2～3；腓二 16；帖前二 9)。

四17　"人若知道该行善事，却不去行，这就是他的罪了"　雅各在结束这段话之时，引用了一句格言。⑳ 这句话开首两个字 eidoti oun = Therefore (the one who) know。这个"因此"，是总结的用词。"知道"是放在强调位置。你知道什么是正确的事，应该做的事，却不去做，这就是犯罪。"善事"(kalon)，与上句"恶事"(ponēra，新译本作"邪恶")作出对比。骄傲自信是不对的；倚靠上帝、以上帝为夸口，才是对的。人应当这样去做。"做"或是"行"(poieō)这个意念，充满整卷雅各书的教导，而本节经文已用了两次这个字。戴韩(De Haan)分享他对这节经文的感受时说："最近〔我的孩子〕史提芬(Steven)乘脚踏车跌了一跤，额头需要缝上几针。最令我们难过的，乃是在这件意外发生之前，我们一直说要替他买一顶保护的头盔。单单说着是没有丁点儿用的，结果，他就在乘脚踏车之时，失去平衡，头颅碰在人行道上了。"㉛所以，知道并且实行，才是有用的。

⑳ 参 Adamson，174；Ropes，281.
㉛ Our Daily Bread (March 3，1993).

(III) 世俗化之三：损人利己(五 1～11)

(ⅰ) 欺压穷人(五 1～6)

1 你们富有的人啊，应当为那将要临到你们的灾祸哭泣衰号。

2 你们的财物朽坏了，你们的衣服给蛀了，

3 你们的金银生锈，这锈要成为控告你们的铁证，又要像火一样吞吃你们的肉，你们竟然在这末后的日子积聚财宝。

4 看哪，工人为你们收割庄稼，你们竟然克扣他们的工资；那工资必为他们呼冤；收割者的呼声，已经达到万军之主的耳中了。

5 你们在世上穷奢极侈，养肥了自己，竟不知屠宰的日子到了。

6 你们把义人定罪杀害，但他并没有反抗。

　　五 1　"你们富有的人啊"　原文开首两个字是 age nyn = come now,意思是："听着!"(参四 13)。雅各警告并提醒他的读者，要留心听他要说的话。上文提及那些商人正在踌躇满志，梦想一条发财之路。可惜他们没有想到，人的生命，可以一夜之间便烟消云散(四 14)。在早些时候，雅各亦说到人的生命如同野地的花，很快便凋谢枯死(一 10～11)。现在，雅各更提醒各人，我们都要面对主的审判，要向主交账。

　　这段经文是对一些没有怜悯心肠、为富不仁者的严厉警告。从上文下理来看，似乎这是一些不信主的人。[32] 在说完这段话之后，雅各在第七节说："所以，弟兄们"，显然是把一至六节的听者，与七至十一节的听者区分了。雅各作出先知式的警告，叫他们准备接受上帝的审判。奥特理说，这段经文可以看出雅各对"末世论"的见解。[33] 这段经文指责富人的罪行，包括四方面：(一)守财奴(二至三节)，(二)扣工资(四节)，(三)好逸乐(五节)，(四)杀无辜(六节)。

---

[32] Ropes, 282.

[33] Oesterley, 465 - 466.

　　"富有的人" plousios 这字,在雅各书用了五次(一 10、11,二 5、6,五 1)。此外,ploutos(财富、富裕)用了一次(五 2)。除了在二章五节"在信心上富足"一句,要按借喻解释之外,其余四次都照字面解释。在圣经新约时代的社会,阶级分明,贫富悬殊。富人欺压穷人的事时常发生,以致一般人都看贫穷是为敬虔,富有等同邪恶。在这里,雅各并不是认为富人有罪,他所指责的,是他们为富不仁。无怜悯之心的,将会受到无怜悯的审判(参二 13)。

　　"那将要临到你们的灾祸" 这句话有冠词"那"(tais)在句首,表明是犹太人所熟知的末日审判。主耶稣提及他在末日从荣耀中降临之先,地上将有大灾难(路廿一 26)。先知弥迦责备百姓,贪图别人的田地、占据别人的房屋,多行不义,终必受上帝的刑罚(参弥二 1～5)。

　　"哭泣哀号" 原文"哭泣"是动词;"哀号"是现在分词。故此哀号是形容哭泣的悲恸情况,这句话或可译作"号啕大哭"。

　　五 2 "你们的财物朽坏了,你们的衣服给蛀了" 耶稣的山上宝训有这样的话说:"不可为自己在地上积聚财宝,因为地上有虫蛀,有锈侵蚀,也有贼挖洞来偷"(太六 19)。

　　"你们的财物" 原文是 ho ploutos hymōn,指他们丰厚的身家财富。他们衣服、物质太多,用也用不完,放在那里任由虫蛀腐蚀。他们的罪是不善用资源,成为"守财奴"。

　　五 3 "你们的金银生锈,这锈要成为控告你们的铁证" 金银是不会长锈的,这个"生锈"的原文是 katiōtai,由 kata 和 ios 两字合成,加强了生锈腐蚀的严重程度。若是形容金银,则是指失去光泽,变为灰暗、蒙尘。"这锈"(ho ios autōn),或作"长在它们上面的锈",这些锈本身就是证据,证明他们根本用不着那些金子银子,多年来没有动过它们,有也等于没有。

　　"又要像火一样吞吃你们的肉" 锈如何腐蚀金银,将来上帝审判的"火"也要一样吞吃你们的肉。这里的"肉"(sarkos)借喻为"人"的意思。"火"则借喻为末日的审判。耶稣常把末日审判、欣嫩子谷、地狱的火等等相提并论(参太五 22,十八 8、9,廿五 41)。旧约先知也常用这比喻(赛三十 27;结七 19,十五 7;摩一 12 ,七 4;参诗廿一9 等)。

　　"你们竟然在这末后的日子积聚财宝" 这句话原文直译过来是:

"你们在末世所积蓄的",这是一幅讽刺的图画。他们一直以来所积蓄、所宝贝的金银,有一天会成为指控他们罪行的有力证据!这些人就如同主耶稣说的:"凡为自己积财,在上帝面前却不富足的"(路十二21)。使徒保罗劝勉信徒要善用上帝所赏赐的财富:"在善事上富足,慷慨好施。这样,就为自己在来世积聚财富"(提前六18、19)。

五4　"看哪,工人为你们收割庄稼,你们竟然克扣他们的工资"雅各指责富人的第二项罪行,乃是克扣工人的工资。"看哪"(idou),这字在和合本没有译出。雅各用生动的笔法,引起他的读者注意。这字在本书用了六次(三4、5,五4、7、9、11)。"工资"(ho misthos),附有冠词,并且放在句子首要位置,表示为那些工人应当获得的薪金。在耶稣所讲的"葡萄园工人"的比喻中(太二十1~16),那些工人的薪金是每日发放的。雅各在这里提及的工人也是农场的工人,在收割的季节,特别需要大量临时工人收割庄稼。这些按日计薪的工人,一般都是生活贫困,没有隔宿之粮。一家大小每日的食物所需,就靠着工人日落之时所得的工资,买得当日所需。因此,克扣工资,实在是十分不仁不义的行为。这些令人不齿的行为,似乎在当日社会已是司空见惯,旧约圣经也常常责备这些罪行(利十九13;申廿四14~15;伯七1~2,廿四10,三十一38~40;耶廿二13;玛三5等)。

"那工资必为他们呼冤""那工资",有冠词,指被克扣、留在主人手上的工资。雅各把"工资"人格化了,这些工资是应当归给工人的,现在却留在主人手中,所以那工资大声喊冤了。上文是"那锈"指证富人的罪;这里是"那工资"会呼叫;而下句则提到工人自己的呼冤。

"收割者的呼声,已经达到万军之主的耳中了""收割者"是指上文的工人。"呼声"(boai),特别指求救的呼喊(参路十八7、38)。"万军之主",在新约中只有此处出现。其余是保罗引述旧约经文才使用过(罗九29,引述赛一9;参赛五9)。Kyriou sabaōth 意思是"全能的上主"。Sabaōth 这个字原意是"众多军兵",上主率领大军去歼灭敌人。在旧约经文中,这称呼"万军之耶和华"乃是上帝的圣名。在摩西五经中没有用过这名,旧约经文中,最早使用的是在撒母耳记上一章三节,说到以色列民前往示罗敬拜上帝。大卫迎战非利士人歌利亚,声称他是"靠着万军之耶和华的名"(撒上十七45),后来大卫作诗,称颂上帝是荣耀的王(诗廿四 10)。旧约先知书也常用"万军之耶和华"这个名称来称呼上帝,而耶利米书使用了八十八次之多(例如:耶二 19,六 6、9等)。这名称常常与耶和华是拯救者和保护者的性质连在一起。而"万军"是指大有能力的天使,随时奉派接受上帝的任命。[34] 故此雅各用了这个圣名,警告那些漠视上帝律法的人,上帝要拯救和保护受害的穷苦人,刑罚作恶多端的人。

"呼声……达到……耳中"　上帝体恤他的百姓,垂听他们的呼求(参出二 23～25)。

五 5　"你们在世上穷奢极侈,养肥了自己,竟不知屠宰的日子到了"　"在世上"(epi tēs gēs),原意是"在地上",特别是指属地的、属物质的、今生的东西。"穷奢极侈"这两个词:tryphaō 和 spatalaō 连在一起用,表达一种极其放荡浪费的生活方式。前者是指奢侈或纵欲的生活,后者是指尽情享乐。这些富人用了许多不必要的花费,放纵情欲(参四 3)。

"养肥了自己"　原文是"养肥自己的心"。和合本作"骄养你们的心"。雅各也是把"心"人格化了,这个"心"想望得到豪华宴乐,而富人就完全提供这个"心"所想望的一切东西。[35]"心要什么,就给它什么"。[36] Lerle 认为这里的"心"字,应借喻为"肚腹"。不过这种解释反而减弱了经文的震撼力。[37]

"竟不知屠宰的日子到了"　指审判的日子(参耶十二 3)。上文提到他们"在末日"仍积聚财宝;这里说他们就在屠宰的当日,仍然放荡宴乐,不知死之将至。

五 6　"你们把义人定罪杀害,但他并没有反抗"　"定罪"(katadikazō)和"杀害"(phoneuō)两字,放在首句,有强调作用。上文提到富人把穷人抓上法庭(二 6),这里又说他们把义人定罪、杀害。这两个词连起来用,显示这种杀害是经由法庭裁定,判以死罪(例如司提

---

[34] NBD, 480.

[35] Burdick, 200.

[36] Davids, 178.

[37] E. Lerle, "Kardia als Bezeichnung für den Mageneingang," *Zeit NT Wiss* 76(3 - 4, '85), 292 - 294.

反被判死刑,参徒七章)。⑧

　　"义人"　原文 ton dikaion 是附有冠词的单数名词,代表"义人"一族,一般的无辜者(innocent)。⑨ 朗理加(Longenecker)认为,这"义人"是指耶稣。⑩ 可是上文一直是论及贫苦的工人受园主压迫,没有理由在这里引入耶稣受害的事。雅各说话的对象是富人(五 1),并且警告他们"万军之主"快要为受害的人伸冤。而第六节是特别显出富人的罪,确是令人发指,因为这被定罪杀害的人是个"义人",是无罪的,而且"他并没有反抗"。他是个无权无势的人,一个无助者。亦有解经家说这个"义人"是指雅各自己,因为雅各又称为"义者雅各"(James the Just)。⑪ 但这种说法会使这句成为"预言":雅各自己预言他会被害而死。这种解释是属于事件发生之后的说明,不符合释经的原则。

　　"但他并没有反抗"　原文没有"但"的意思。这句话有解经家看作为问题句子:"难道他不抵抗你们吗?"答案是:会的。他会在上帝宝座前呼求伸冤。⑫ 但比较多的解经者看这句是直述句子。⑬ 这就更显示压迫者的丑恶。

(ii) 劝慰:等待上帝伸冤(五 7～11)

7　所以,兄弟们,你们应当忍耐,直到主来。看哪,农夫等待着地里宝贵的出产,为它忍耐,直到获得秋霖春雨。

8　你们也应当忍耐,坚定自己的心;因为主再来的日子近了。

9　弟兄们,不要彼此抱怨,免得你们受审判。看哪,审判的主已经站在门前了。

10　弟兄们,你们应当效法奉主的名说话的先知,以他们为受苦忍耐的榜样。

---

⑧ Davids,180;Judicial Murder.参 Burdick,200.

⑨ Ropes,291;Davids,180;Burdick,200.

⑩ Longenecker, *The Christology of Early Jewish Christianity*,46－47.

⑪ Eusebius, *Ecclesiastical History*,2:23. 参 Dibelius,240 n.58.

⑫ Davids,180;Ropes,292.

⑬ Burdick,200;Moo,167. 参 NASB,NIV,NEB,JB,GNB 等。

¹¹　看哪，那些忍耐的人，我们称他们是有福的；你们听过约伯的忍耐，
　　也看见了主赐给他的结局，知道主是满有怜悯和仁慈的。

　　五 7　"所以，弟兄们"　现在说话的对象，由富人转向受苦的弟兄
们（参照上文五 1）。

　　"你们应当忍耐"　"忍耐"这个中文词语，本段经文用了六次之多。
原文 makrothymōs 用了四次（解作"耐心"）；hypomonē 用了两次（解
作"坚定"、"忍耐"、"恒心"，都在第十一节）。前面第一章也出现这个主
题（一 2～4、12）。戴伦治分辨这两个字的不同点：makrothymōs 是对
人的态度，表示保持对人友善的态度，与轻易发怒相反。而 hypomonē
是对事的态度，能够忍受、容忍，特别是在面对恶劣环境时的忍受。^⑭

　　"直到主来"　parousia 这字可以解作"上帝审判的日子"；也可解
作主耶稣再来的日子（林前十五 23；帖前二 19，四 15，五 23；帖后二 1；
彼后一 16，三 4；约壹二 28。参太廿四 3、27、37、39）。Parousia 原意是
"现身"（presence）或"来到"（arrival），参看哥林多前书十六章十七节
和哥林多后书七章七节。这个词通常是指君王驾临。那位升上高天的
主耶稣，将必再回来，降临地上（徒一 11），带着权柄能力、尊贵荣耀而来
（太廿四 3、27）。他会毁灭敌基督和一切邪恶的力量（帖后二 8），并叫义
人复活（林前十五 23），聚集一切被救赎的子民（太廿四 31；帖后二 1
等）。^⑮

　　"看哪，农夫等待着地里宝贵的出产"　"看哪"，促请读者留意，并
且提出例子，说明忍耐会带来好的结果。农夫等待田产成熟、等待秋雨
春雨浇灌的心情，用来说明"忍耐"的意思。农夫努力耕耘、撒种，做了
当做的工夫，但是叫它生长的，乃是上帝（参林前三 6～7）。在等待中，
农夫是充满盼望的；我们在受苦中，也当存着盼望而忍耐，因为主来的
日子近了（参下文八节）。

　　"宝贵的出产"　对农夫来说，田产是宝贵的。有收成，生活才有着
落。范恩解释说这里的"宝贵"，是"昂贵"（costly）的意思。^⑯

---

⑭　Trench，195 - 200.

⑮　NBD，386 - 391.

⑯　Vine，875.

"秋霖春雨" 这是一句固定的词语,一般译作"秋雨春雨",原文是"早雨"、"晚雨"。"早雨"(early rain)是指在巴勒斯坦地区每年十月至十二月的雨水,是为雨季的开始。"晚雨"(latter rain)指每年三月至四月的雨水,是农作物收成前的重要灌溉来源。"秋雨春雨"这句词语,成为上帝祝福以色列民的代用词,因为以色列民在迦南地(即巴勒斯坦),以农业生产为主。人民生活全赖畜牧和耕种,所以合时的雨水十分重要(参申十一 14;耶五 24;何六 3;珥二 24;亚十 1 等)。虽然雅各写这信给散居外地的犹太人,雨季时期或许不同,但是"秋雨春雨"已是惯用词,虽然不是生活在巴勒斯坦,却是代表上帝的祝福。

五 8 "你们也应当忍耐,坚定自己的心;因为主再来的日子近了" 雅各重复用 parousia(参七节)这字,作为忍耐中的盼望。"坚定自己的心",意思是"在信心上站稳,绝不疑惑"(参一 6)。"近了",审判的主已经站在门口,马上就要进来了(参九节。"近了"这字,用法参太三 2;可一 15;彼前四 7)。

五 9 "弟兄们,不要彼此抱怨,免得你们受审判" 人在受苦中,容易埋怨自己、埋怨别人。"抱怨"包括诉苦和怪罪别人。[47] 雅各在上文叫人不要彼此判断(四 11~12);在这里,他叫人不要彼此抱怨。

"看哪,审判的主已经站在门前了" 这节经文用了"审判"和"审判的主",显然是说叫信徒把审判的权柄交由主掌管,我们自己不要做审判者。这样看来,上句的"抱怨"就含有论断别人、判断别人的意思。主耶稣说:"你们不要论断人,免得你们被论断"(太七 1)。

"站在门前" 意思是随时可以进来,审判的事马上要展开。

五 10 "弟兄们,你们应当效法奉主的名说话的先知,以他们为受苦忍耐的榜样" 为了加强关于在苦难中要忍耐的教导,雅各用了两个词,一个是一般性的,另一个是特别的。Kakopatheō,指遭遇痛苦,是被动的。Makrothymeō,是积极的坚忍,有耐心。这两个词合在一起用,含有"在苦难中忍受"的意思。和合本把这两字合译为"能受苦、能忍耐",新译本则作"受苦忍耐",当代圣经译作"受苦和坚忍"。

---

[47] Moo, 170.

　　"奉主的名说话的先知"　先知说话的权威来源，乃是由于上帝。他们是"奉主名"而说的（参耶一 4～9）。即使如此，他们并不因此可以免去苦难。耶利米便是个多受苦难的先知（耶二十 2，三十二 2，三十八 6；参太五 12）。他们不是因为犯错而受苦，而是为主的名受苦（参彼前二 20～21，四 12～16）。

　　五 11　"看哪，那些忍耐的人，我们称他们是有福的"　在第五章经文中，这是第四次用"看哪"这词（参五 4、7、9），是促请读者留心的措辞。"有福"是回应前面一章十二节："能忍受试炼的人，是有福的。"

　　"你们听过约伯的忍耐，也看见了主赐给他的结局，知道主是满有怜悯和仁慈的"　这句话用了"听见"和"看见"两个动词，显示旧约圣经的约伯记内容，常在信徒中讲述，用来鼓励在受苦中的信徒，是非常恰当的。先知以西结亦有引述约伯受苦的见证，以他为义人（结十四 14、20）。圣经记载，约伯在受苦之时，没有犯罪埋怨上帝（一 21～22，二 9～10，十三 5～12，十六 19～21，十九 25～27）。可是，约伯并非完美，他也有诉苦之时（七 11～16，十 18，廿三 2，三十 20～23 等）。伪经中的《约伯之约书》（Testament of Job），完全没有提及约伯埋怨上帝的话。因此，戴维司认为，雅各提及约伯的忍耐，并叫读者以他为榜样，因为雅各所认识的约伯，是《约伯之约书》中的约伯。[48] 然而这种揣测是不必要的，即使约伯曾经有埋怨，这在人性上也是可以理解和同情的，却不减他在苦难中坚忍的信心。雅各在这里强调的，是上主的怜悯和仁慈。

　　"知道主是满有怜悯和仁慈的"　原文没有"知道"这个动词，而是以 hoti（that）为开始的陈述句子，引出雅各主观的见解。"满有怜悯"是指上帝富有同情。"仁慈"指上帝是有感情的，是慈悲为怀的。"主虽使人忧愁，还要照他诸般的慈爱发怜悯，因他并不甘心使人受苦、使人忧愁"（哀三 32～33，和合本）。

48　Davids, *Tradition*，113 - 126；Davids，187.

(IV) 世俗化之四：目中无神，为所欲为——起誓的动机 (五 12)

12 我的弟兄们，最要紧的是不可起誓：不可指着天起誓，也不可指着地起誓，任何的誓都当禁绝。你们的话，是就说是，不是就说不是；免得你们落在审判之下。

　　五 12　"我的弟兄们"　通常这是开始一个新论题的句法（参前文一 2、16、19 等）。这节经文是以 pro pantōn de = But before all things 为开始。这个 de（然而），表示本节与上文有关连。而"最要紧"这句话，通常是作者在书信快要结束时的"收笔公式"（参彼前四 8）。[49]

　　罗布士和穆尔（Moo）都推测"不可起誓"这句话，跟上文九节"不要抱怨"互相呼应。[50] 当人落在苦难之中，特别是由于被人欺压、无辜受罪，心中必定忿忿不平，于是有许多埋怨的话（参林前十 10；伯一 22）。一旦旁人或出于关心而说话，不料惹来反感，于是争论起来（参约伯和他几位朋友的论战）。希伯来书作者就曾经援引当代信徒的社会习惯，用誓言来解决争执："这誓言就了结了他们中间一切的纠纷，作为保证"（来六 16）。上帝自己亦用起誓来作出保证（来六 17）。不过，人往往会滥用这种"方便"，用起誓来了结争论。为了取信于人，即使所说的并不真实，仍然说："我发誓是如此如此！"这正是雅各所禁止的。

　　旧约的十诫中，禁止人妄称耶和华的名（出二十 7）。起誓必然是诉诸上帝作为保证，故此会提及耶和华的名。后来犹太人为了避免提及耶和华之名，则改为指天、指地、指耶路撒冷等等来起誓。正如中国人起誓，便会说："皇天在上……"其实圣经并不禁止人起誓，而且还叫人起誓（申六 13；诗六十三 11；赛六十五 16；耶十二 16），如先知米该雅指着永活的耶和华起誓（王上廿二 14）等。至于新约圣经中，保罗亦有多次起誓（以自己的良心作证：罗九 1；林后一 23。指着上帝作证：林后

[49] Ropes, 300. 参看 Moo, 173.
[50] Ropes, 300；Moo, 173-174.

十一 11；加一 20；腓一 8；帖前二 5、10）。所以，起誓的原意，乃是表达人对上帝的敬畏。主耶稣和雅各反对起誓，是指那种不负责任的起誓，为自己方便脱身而起誓。

雅各论到起誓的这番话，可以与耶稣的山上宝训互作比较（太五 34～37），显然雅各是把这教训简化了。雅各说不可指着天或地起誓，却没有说出原因。但耶稣却解明说："因为天是上帝的宝座；地是上帝的脚凳"（太五 34～35）。换而言之，我们即使没有指着上帝本身来起誓，只是指着天或地来起誓，仍然是与上帝有关的。

"是就说是，不是就说不是" 人不必指着任何其他事物起誓，只需凭良心说话，如同保罗一样（参罗九 1）。

"免得你们落在审判之下" 人受审判，原因不是"起誓"的行为，而是因为说谎、作假见证。"是就说是，不是就说不是"，意思乃是你所说的要绝对诚实，不能口是心非。

今日基督徒在法庭上作证之时，需要起誓，甚至手按圣经起誓，亦无不可，并不算是犯罪，也不与圣经的教训有抵触。法庭接受基督徒手按圣经起誓，乃是对基督徒信仰的尊重。背后的意思是：一个基督徒愿意手按圣经而起誓作证，他的见证必然是真确的。若我们自己亦同意这行动所表达的意思，便可以如此行，不必介怀。我们起誓的动机若只是为了方便，了结争端，甚至不惜藉此证明自己有理（虽然自知不对），那就是犯罪了。

玖　信心考验之七：是否重视祷告（五 13～18）

　　现在，雅各提到第七项信心的考验，就是信徒对祷告的态度。在前文，雅各也论及祷告。认识祷告的对象，就是父上帝，他是慷慨的施与者（一 5、17）；祷告要凭信心，才可得着（一 6）；若是为了私欲的满足而求，上帝是不会答允的（四 3）。在这里，雅各主要是论及祷告的范围与蒙应允的关键。

(I) 凡事祷告（五 13）

13 你们中间有人受苦吗？他就应该祷告。有人心情愉快吗？他就应该歌颂。

　　五 13　"你们中间有人受苦吗？他就应该祷告"　在上文第十节和雅各提到受苦的先知，劝导信徒要以他们为榜样。在受苦中不但是"忍耐"，更是需要"祷告"。忍耐的功课是经由祷告学会的。保罗也教导信徒常常祷告（弗六 18；帖前五 17）。主耶稣叫我们常常祷告，不可灰心（路十八 1）。

　　受苦中祷告些什么呢？按人之常情，一定是祈求上帝拯救，脱离苦难，愈快愈好。不过雅各的教导完全不同。雅各在前文说过："你们遭遇各种试炼的时候，都要看为喜乐；因为知道你们的信心经过考验，就产生忍耐。但忍耐要坚持到底，使你们可以完全，毫无缺欠"（一 2～4）。他又说："能忍受试炼的人，是有福的；因为他经过考验之后，必得着生命的冠冕"（一 12）。后来又说："你们应当效法奉主名说话的先知，以他们为受苦忍耐的榜样。看哪，那些忍耐的人，我们称他们是有福的"（五 10～11）。这样看来，雅各教导我们在受苦的时候所祷告祈求的，不是立即脱离苦境，神迹般地马上得到解脱；而是祈求上帝赐予智慧去应付当前困境（一 5）；求上帝给予忍耐的能力。本书常见的词汇，乃是"忍受"、"忍耐"（例如：一 3、4、12，五 7、9、10、11）。雅各教导我们，在祷告中，思念曾经为主受苦的先知，看看他们怎样靠主，用信心和忍耐渡过困境（五 10～11）。受苦的时候，正是信心考验的时候。但以理的三位朋友：沙得拉、米煞、亚伯尼歌，在烈火窑中经历信心的考验而合格（但三 16～18）。在上文，已经提及约伯的忍耐，信心的见证（五 11）。面对苦难，原来是我们灵命成长的机会，难怪雅各说是应当以为大喜乐的时候（一 2～4）。

"有人心情愉快吗？他就应该歌颂" "心情愉快"，中文译词反映了这个字所包含的意思。受苦中的信徒，仍然可以心情愉快（参徒十六 25，廿七 22、25；诗卅二 11；箴十五 15）。

"歌颂" 这个动词 psalletō，意思是"让他唱一首诗篇"（let him sing a psalm）。"诗篇"（psallō）这字，在七十士译本用了五十六次。原意是指"用弦乐器伴奏所唱的歌"（例如：诗三三 2、3，九十八 4、5，一四七 7，一四九 3）。从一般用途而言，这字是指任何赞美上帝的诗。唱诗的时候，受苦的信徒能够想到上帝。我们不论在任何环境，上帝都是配得赞美称颂的（参伯一 21）。

(II) 祷告与医治（五 14～16）

14 你们中间有人患病吗？他就应该请教会的长老来，请他们奉主的名为他抹油祈祷。

15 出于信心的祈祷，可以使病人康复，主必叫他起来；他若犯了罪，也必蒙赦免。

16 所以你们应当彼此认罪，互相代求，这样你们就可以痊愈。义人祈祷所发出的力量，是大有功效的。

五 14 "你们中间有人患病吗？" "患病"（asthencō）这个字是指任何类型的身体软弱（参罗四 19；林前八 9；林后十一 29）。但是从下文所描述的情况来看，这个人所患的是重病。雅各提出信徒当做的事：

（一）请教会的长老来。病人的病况严重，不能起床，于是由家人或朋友去通知长老，请他们到家里来。教会的长老，也就是监督（徒二十 17、18；多一 5、7），相当于今日一般教会的教牧同工、牧者（参彼前五 1~4）。

（二）奉主的名为他抹油。"抹油"是个过去分词，所以抹油是附带行动，主要动词是祈祷。

（三）祈祷。是过去式命令语态的动词。所以长老来到主要是祈祷。是祈祷本身发生功效（五 15、16）。

雅各在这里所讨论的，重点不是指"神迹与医治事工"，而是教会的关顾、医治事工。

雅各写这封信，是给分散住在各处的犹太人基督徒，而不是写给特定的某一间教会。所以，当雅各说，患病的信徒当邀请教会的长老来，为他抹油祈祷治病，雅各的意念中并不是指"神迹的医病恩赐"。因为并不是每间教会的长老都有医病恩赐；而具有医病恩赐的，也不限定是教会的长老。故此，我们合理的结论，就是雅各把探望病人，为病人抹油祈祷，看为是一项教牧辅导和牧养的事工。耶稣亦把探望病人视为重要的事工（参太廿五 36）。犹太拉比 Nedarim 39 说："看望病人的，得享长寿；不愿看望的，寿命减少。"

"让他们奉主的名为他抹油祈祷" "奉主的名"，有向主求告的意思。门徒受浸的时候，是奉耶稣基督的名受浸（徒二 38，八 16，十 48，十九 5；太廿八 19）。门徒也是奉耶稣的名医病赶鬼（可九 38；路十 17；徒三 6、16，四 7、10，九 34）。这样做的原因，乃是表示长老所作的，是代表主而作的。① 是上帝的大能把病人治好的（五 15）。因此，整个医治的过程包括三项行动：祈祷、抹油、呼求主的名。这不是施法术，也不是驱魔。而是把病人领到上帝面前，让上帝介入病人的生命之中，在他的身上作工。② 苏君安（Shogren）认为抹油的作用不是药物性的、礼仪的或心理治疗，而是表示上帝的同在与医治的记号。③ 然而，犹太人与

---

① TDNT, 5:277.
② Davids, 194.
③ G. S. Shogren, "Will God Heal Us—A Re-examination of James 5:14-16a," *EQ* 61(2, '89), 99-108.

古代近东民族，习惯用油作为医治媒介（赛一 6；耶八 22；可六 13；路十 34）。基列出产的乳香，具有镇痛的作用（耶八 22，四十六 11，五十一 8）。教牧同工应当注意关怀患病的信徒，留意医治的事工。④

"祈祷" 原文 proseuxasthōsan epi＝pray over，这个前置词 epi，可以想象到长老按手和抹油在病人头上的动作（参诗三十五 13，四十一 4；伯二 11）。

五 15 "出于信心的祈祷，可以使病人康复，主必叫他起来" 这节经文总结了十四节描述长老的行动。这节亦强调"祈祷"在整个医治过程中的重要。"信心的祈祷"这句话，是指长老的信心，不是病人的信心。那些声称能够用祷告治病的人，当病人得不到医治的时候，便把责任归咎给病人，说病人没有信心，这是掩饰的托辞而已。信心的祈祷，就是指祈祷者（这里是长老）完全信靠上帝的能力，不靠自己。这里是指"信心"的恩赐，而不是"医病"的恩赐（参雅一 5～8；可二 5，五 34，十 52。徒十四 9 则提及病人的信心，不过，这信心是在听见保罗讲道而信耶稣的那种信心）。至于这里所用"祈祷"（euchē）这个字，是含有强烈的、迫切的愿望或祈求的意思（参徒二十六 29，二十七 29；罗九 3）。这个诚恳祈求的态度，正是信心的推力。信心乃是绝对不怀疑上帝的能力（参一 6～8）。

"可以使病人康复，主必叫他起来" 这句话，按原文的意思是："出于信心的祈祷可以使病人康复；并且主必叫他起来"。

这句话肯定了长老藉着信心的祈祷，能够使病人康复。祈祷产生了效力，主答应祈祷，并且施行医治。由始至终，是上帝的工作，不是人的能力。不过，犹太拉比对于祷告治病的能力，有另一种看法：

　　Berakoth 5：5，假如他祷告错误，他就惨了；如果他是会众的代表，委派他的那群会众就惨了，因为会众和代表人是一样的。他们论及 R. Hanina b. Dosa，他常常为病人祷告，他会说："这个人会痊愈"，或是"这个人会死"。他们问他："你怎么会知道呢？"他回答说："如果我祷告的时候，口若悬河的流利，就准知道祷告必蒙应

---

④ J. C. Thomas，"The Devil，Disease and Deliverance：James 5：14 - 16，" *Journal of Pentecostal Theology*（2，'93），25 - 50.

允。若果我祷告时口舌迟钝,就知道祷告遭到拒绝。"⑤

表面看来,这位拉比的医病祈祷是否有效,在乎说话是否流利。然而,拉比所强调的,正是信心的祷告。祷告的言语是否流利,与他的信心与恳切有直接的关系。

"**康复**" 原文 sōsei = will save,和合本作"救"。Sōsō 这字,在新约中大多时候是指"救恩",但是在本节经文中,应解作"得医治"。

"**起来**" 是指从病床上起来,是痊愈的意思,而不是解作"复活"(太九 6;可一 31;徒三 7)。雅各在这里所说的,是关乎有重病的信徒,经历上帝的医治而痊愈,并不是天主教所说的"临终受膏"。因为天主教的临终受膏,是为将死的信徒举行圣礼,保证他能够得救和将来复活。然而雅各在这里所论的,是病人得医治。

"**他若犯了罪,也必蒙赦免**" 人患病不一定与犯罪有关。雅各用"若"字,表示他并不确定患病的人是否因犯罪而致病(参约九 2~3)。因此,雅各把这个问题引进来,好叫这病人能够静心反省。疾病即使不是直接因他犯罪而来,也叫他重整、更新与上帝的关系。"也必蒙赦免",与上句"可以使病人康复,主必叫他起来",语气都是十分肯定的。上帝答允出于信心的祈祷,这个信心乃是相信上帝必能医治。

五 16 "**所以你们应当彼此认罪,互相代求,这样你们就可以痊愈**" "所以"(oun = therefore),是根据上文十四至十五节作出结论。信心的祈祷加上认罪的祷告,使病得痊愈。不但长老要用信心祈祷,病人也要有认罪的祷告。"彼此认罪,互相代求",两次用"彼此"、"互相"的字词,原文是"allēlois … allēlōn",强调人与人互相认罪。主耶稣劝谕到祭坛前祷告献礼物的人,若想起与人有过不去的事,当首先去向人认罪,寻求和好(太五 23~24)。"认罪"(exomologeisthe),这是个附有前置词的动词,前置词 ex 表示完全坦诚的、公开的认罪。当一个人生病之时,尤其是患重病,往往是属灵生命重整的好机会。教牧同工当把握这个时候,辅导病人,使他重建与上帝的关系;修复与人的关系。"喜乐的心,乃是良药"(箴十七 22)。一个人的良心,与上帝、与他人都

---

⑤ Danby, *Mishnah*, 6.

没有觉得亏欠,心灵喜乐,病已经好了一大半。

"义人祈祷所发出的力量,是大有功效的" 这句话似乎是句格言。雅各讨论完祈祷(13～16a),然后用这句格言再次肯定祈祷的功效。

"义人" 直接是指上文提到罪得赦免的人,他与上帝与别人都没有罪的阻隔。在前文,雅各提到人称义是因着有行为的信心(二 21～25)。上文亦提到"信心的祈祷"(五 15;参一 6)。故此,这里的"义人"就是对上帝有信心的人,罪得蒙赦免的人。上帝垂听义人的祷告。

这句格言的意思,含有:

(一)祈祷会发出大能力(poly ischyei)。

(二)祈祷是有功效的(energoumenē)。"有功效"这个字,是个现在分词,关身语态。⑥ 义人正当他祈祷时便会发出(energoumenē)大能力(poly ischyei)。我们并不是"不知道"祈祷有大能力,问题是我们没有真正的去祷告。雅各引用的格言乃是说:祈祷的能力,是要在你真正去祷告的时候才会发生。这也是雅各在本书一贯的主张:知与行要互相配合。

(III) 祷告与上帝的介入——平凡与不平凡 (五 17～18)

17 以利亚是与我们性情相同的人;他恳切祈求不要下雨,地上就三年零六个月没有雨;

18 他又祈祷,天就下雨,地便生出土产来。

本段引述以利亚先知的事迹,详见列王纪上十七章及十八章。到此为止,雅各书提及的旧约圣经人物,已包括亚伯拉罕、喇合、约伯和以利亚。

五 17 "以利亚是与我们性情相同的人" "性情相同"一词原文 homoiopathēs = of like feelings,由两个希腊字组成:homoios = 相像、相似。Pathos = 易受其他事物影响的。巴拿巴和保罗曾用这字形容自己

---

⑥ Mayor 却认为应当作被动语态来处理:祷告是由上帝或圣灵发动,使之有效(页 177 - 179)。Davids, 197 亦同意这个看法。但 Adamson, 205 - 210 响应 Mayor 之意见,似乎较有说服力:"所举的新约例子中,其实若当作关身语态来解释,会更符合文理。"参看 Moule, 26.

（徒十四 15），意思是普通人物、平凡的人，不是神仙。雅各强调祈祷者只要是真诚的、对上帝有信心的，即使是平凡人，祈祷一样会发生力量。

以利亚是被上帝接到天上的（王下二 11），此后，犹太人就有许多关于以利亚的传奇故事。⑦ 在这些传奇故事中，提到以利亚以祈祷闻名，有许多奇事发生。⑧

"三年零六个月" 这个数字，是由以利亚的传奇故事而得。列王纪上十八章一节说："过了许久，到第三年。"故此，"三年零六个月"大概是用来作象征性的数字，是七的一半，与上帝的审判数字有关（参但七 25，十二 7；启十一 2，十二 14）。

在迦密山上，以利亚与巴力的先知较力。巴力是迦南人所敬奉的丰收之神，掌管雷雨。以利亚在迦密山之役，叫以色列人的心意转回，归向耶和华，认定耶和华才是天地的主，是他赐予大地生机。雅各用这个历史事例，说明祈祷的功效。天旱使大地如同死了一般，不能生产。祈祷使天降雨，大地恢复生产的能力。同样，重病的人如同到了死门关，祈祷却使他再得生命。

"恳切祈求" 原文 proseuchē prosēyxato，用了两次"祈祷"这个字。根据毛理（Moule）的见解，这种句子的结构反映出旧约希伯来文的"绝对不定词"（absolute infinitive），是表达十分重要的事，或经常做的事。⑨ 故此，这句话不应译作"恳切祈求"，而是强调以利亚"常常祈祷"，"重视祈祷"；是描述以利亚祈祷的经常"行动"，而不是他祈祷恳切的"态度"。因此，这里再一次反映出雅各对信心与行为的观点，并用以利亚去做、去祈祷作为例证。在上文十六节，雅各说义人在祈祷之时发生的能力是大的。

以利亚并不如一般人所想象的，能够呼风唤雨。其实以利亚的祷告，正是配合上帝的意愿。在列王纪上十七章一节，以利亚对亚哈说："我指着我所事奉永活的耶和华以色列的上帝起誓，这几年若是没有我

---

⑦ TDNT，2：929 - 930。

⑧ 2 Esd. 7：109，参 m. Taan. 2：4；b. Sanh. 113a；j. Sanh 10，28b；j. Ber. 5，9b；j. Taan. 1，63d. 又见 Davids，"Tradition"，119 - 121。

⑨ Moule，177 - 178。

的命令，天必不降露，也不下雨。"但是，随之而来的记载，乃是"耶和华的话临到以利亚"，上帝给他一连串指令(十七 2、8，十八 1)，可见整件事情的策动者，乃是上帝。而十八章一节记载到了第三年，却没有提到以利亚祷告，求天降雨，反而是上帝的旨意："我要降雨在地上"(十八 1；参十八 41～45)。到后来，以利亚告诉亚哈说："已经有下大雨的响声了"(十八 41)，然后是以利亚"上了迦密山顶，屈身在地，把脸放在两膝之间"祷告(十八 42)。由此可见，从列王纪上十七和十八章的记载，并没有突出以利亚的祷告效力。以利亚所作的，只是遵从上帝的吩咐去做。祈祷的效力，就在这个时候产生。

在犹太拉比著作中，有一段故事，跟以利亚"求雨"的传说很相像：

有人对术士安利亚斯(Onias the Circle-Maker)说："请你求雨吧。"他说："那么你要先把逾越节用的烤炉收藏好，免得给雨淋坏了。"他祈祷，雨却不下来。怎么办呢？于是他在地上划一个圆圈，然后站在圆圈里面，向上帝求告，说："天地的主啊，你的子民向我要求，因为他们认为我是你家里的孩子。我指着你伟大的名字起誓，我绝不会离开这个圆圈，直到你怜悯你的子民。"然后，雨开始一滴一滴地下来。

他说："我不是求这种雨水，乃是求能够充满水池、水沟、水洞那样的大雨。"跟着，雨势变得非常凌厉。

他说："我不是求这种雨水，而是求令人舒畅，带来祝福和恩典的雨水。"跟着，雨势转为温和，〔下个不停〕，直到以色列人看见上帝降雨，便由耶路撒冷走上圣殿的山顶。

他们对安利亚斯说："你既然能够祈求天降下大雨，现在请你祈求雨水停止吧！"⑩

这段拉比著作，把安利亚斯描述成为一位求雨的术士，而旧约圣经中的以利亚，却不是这样。

五 18　"他又祈祷，天就下雨，地便生出土产来"　参阅上文注释。

---

⑩ Taanith，3.8 英文译本：Danby，*The Mishnash*.

拾 总结:帮助在信心考验中失败的弟兄

（五 19～20）

¹⁹ 我的弟兄们,你们中间若有人被骗离开了真道,如果有人使他回头,
²⁰ 你们应该知道,那使罪人从歧途上转回的,就会拯救他的灵魂脱离死亡,也会遮盖许多罪恶。

雅各在本书中,提出七项信心的考验。然而,并不是每个信徒都能够七项全胜。若是失败跌倒,怎么办呢?

五 19 "我的弟兄们" 雅各在结束本书信之时,并没有问安语,因为这封是给众教会的信,没有特别指定的对象。

"你们中间若有人被骗离开了真道" 新译本加上"被骗"两字,原文只是说若有人"离开真理",指他是背弃上帝所启示的真理,不按上帝的旨意而生活。他可能是故意背弃(参一 21、22、26,二 10～13,三 14,四 3、16;比较来六 6,十 26),或是受别人或魔鬼的迷惑。这词语在七十士译本中,是指干犯律法,特别是拜偶像的罪(赛九 15;耶廿三 17;结三十三 10)。新约圣经中,这词是指道德生活上的败坏(太十八 12～13,廿四 4～5、11;可十二 24、27,十三 5～6;罗一 27;弗四 14;帖后二 11;提后三 13;多三 3;彼前二 25;彼后二 15、18;约壹二 26,四 6;启二 20)。故此,这里所指"离开真理",主要是不信上帝、不接受上帝的真理指引而生活,结果就在道德生活上败坏了。

"如果有人使他回头" "回转"的观念,旧约和新约都用得很多(参赛六 10;结三十三 11;徒三 19,九 35;林后三 16)。雅各叫信徒不要骄傲抵挡上帝,乃是要谦卑(三 6),不要抵挡真理(三 14),乃要认罪(五 15、16)。

五 20 "你们应该知道" 这句版本的经文,是文士抄写上的错误,用了 ginōskete(第二人称复数命令式)。较为可靠的版本应该是 ginōsketō(第三人称单数命令式):"他应该知道",是指上句和下句那

位使跌倒的弟兄回头的人。⑪

"那使罪人从歧途上转回的，就会拯救他的灵魂脱离死亡，也会遮盖许多罪恶" 这句似乎也是引述格言，因为这句话与上文意思重复。十九节"真理"与二十节"道路"相对比。二十节的"歧途"，原文是"道路"(hodos)。不是"歧途"、分岔、节枝，而是这个人本来在"道路"上向着上帝的真理方向走，可是后来背弃了真理，反其道而行，以背向上帝。现在他"回转"，作一百八十度的转向，掉回头来，朝向上帝的方向。这就是"悔改"的意思。

"就会拯救他的灵魂脱离死亡" 犯罪，背弃上帝的结果，就是死亡(参一 15)。帮助一个背弃真理的人回头，就是拯救他的灵魂(pschē)，即是使他的整个人、整个生命，脱离死亡(参来十 35～39)。

"也会遮盖许多罪恶" 他的罪得到赦免。不是"遮掩"(和合本的"遮掩"译词，有隐瞒罪恶的意思，不宜采用)；而是被主赦罪的宝血所盖，不再记念之意(诗三十二 1，八十五 2；但四 24；罗四 7)。

"许多罪恶" 形容赦罪的范围(诗五 10，八十五 2；结廿八 17)。彼得前书四章八节，引述箴言十章十二节，说："因为爱能遮盖许多的罪"。伪经亦有论及罪得赦免的人，会在天上的罪行记录册上删除。⑫因此，在雅各书中的上帝，乃是慷慨施恩、满有恩慈的上帝。

雅各在总结本书的信息时，心中仍然关怀在苦难中受试炼的信徒。试炼是非常凌厉的，却是信徒属灵生命成长的机会。在受试炼的过程中，必然会有人忍受不住而跌倒，在这时候，弟兄姊妹就要彼此扶持、鼓励(参加六 1～2)，共渡患难，充分表现信徒彼此相爱的心。雅各作为耶路撒冷教会的领袖，也是分散各地的犹太人基督徒的领袖，在本书信中显露出了他的牧者心肠。

---

⑪ Metzger，*Textual Commentary*，685 - 686.
⑫ Sir 3：30；Tob 4：40；Eth Enoch 98：7，100：10；Test Abr. 12：13.

史丹理基金公司　识

　　1963 年菲律宾史丹理制造公司成立后，由于大多数股东为基督徒，大家愿意把公司每年盈利的十分之一奉献，分别捐助神学院、基督教机构，以及每年圣诞赠送礼金给神职人员，史丹理制造公司也因此得到大大祝福。

　　1978 年容保罗先生与笔者会面，提起邀请华人圣经学者著写圣经注释的建议，鼓励笔者投入这份工作。当时笔者认为计划庞大，虽内心深受感动，但恐心有余而力不足，后来决定量力而为，有多少资金就出版多少本书。出版工作就这样开始了。

　　1980 年 11 月，由鲍会园博士著作的歌罗西书注释交给天道书楼出版，以后每年陆续有其他经卷注释问世。

　　1988 年史丹理制造公司结束二十五年的营业。股东们从所售的股金拨出专款成立史丹理基金公司，除继续资助多项工作外，并决定全力支持天道书楼完成出版全部圣经注释。

　　至 2000 年年底，天道书楼已出版了三十六本圣经注释，其他大半尚待特约来稿完成。笔者鉴于自己年事已高，有朝一日必将走完人生路程，所牵挂的就是圣经注释的出版尚未完成。如后继无人，将来恐难完成大功，则功亏一篑，有负所托。为此，于 2001 年春，特邀请天道书楼四位董事与笔者组成一小组，今后代表史丹理基金公司与天道书楼负责人共同负起推动天道圣经注释的出版工作，由许书楚先生及姚冠尹先生分别负起主席及副主席之职，章肇鹏先生、郭志权先生、施熙礼先生出任委员。并邀请容保罗先生担任执行秘书，负责联络，使出版工作早日完成。

　　直至 2004 年，在大家合作推动下，天道圣经注释已出版了五十一册，余下约三十册希望在 2012 年全部出版刊印。

　　笔者因自知年老体弱，不便舟车劳顿，未能按时参加小组会议。为此，特于 6 月 20 日假新加坡召开出版委员会，得多数委员出席参加。愚亦于会中辞去本兼各职。并改选下列为出版委员会委员——主席：

姚冠尹先生；副主席：施熙礼先生；委员：郭志权博士、章肇鹏先生、容保罗先生、楼恩德先生；执行秘书：刘群英小姐——并议定今后如有委员或秘书出缺，得由出版小组成员议决聘请有关人士，即天道书楼董事，或史丹理基金公司成员担任之。

　　至于本注释主编鲍会园博士自 1991 年起正式担任主编，多年来不辞劳苦，忠心职守，实令人至为钦敬。近因身体软弱，敝委员会特决议增聘邝炳钊博士与鲍维均博士分别担任旧、新约两部分编辑，辅助鲍会园博士处理编辑事项。特此通告读者。

　　至于今后路线，如何发展简体字版，及配合时代需求，不断修订或以新作取代旧版，均将由新出版委员会执行推动之。

许书楚　识

2004 年　秋

天道圣经注释出版纪要

　　由华人圣经学者来撰写一套圣经注释，是天道书楼创立时就有的期盼。若将这套圣经注释连同天道出版的《圣经新译本》、《圣经新辞典》和《天道大众圣经百科全书》摆在一起，就汇成了一条很明确的出版路线——以圣经为中心，创作与译写并重。

　　过去天道翻译出版了许多英文著作；一方面是因译作出版比较快捷，可应急需，另一方面，英文著作中实在有许多堪称不朽之作，对华人读者大有裨益。

　　天道一开始就大力提倡创作，虽然许多华人都谦以学术研究未臻成熟，而迟迟未克起步，我们仍以"作者与读者同步迈进"的信念，成功地争取到不少处女作品；要想能与欧美的基督教文献等量齐观，我们就必须尽早放响起步枪声。近年来看见众多作家应声而起，华文创作相继涌现，实在令人兴奋；然而我们更大的兴奋仍在于寄望全套"天道圣经注释"能早日完成。

　　出版整套由华人创作的圣经注释是华人基督教的一项创举，所要动员的人力和经费都是十分庞大的；对于当年只是才诞生不久的天道书楼来说，这不只是大而又难，简直就是不可能的事。但是强烈的感动一直催促着，凭着信念，下定起步的决心，时候到了，事就这样成了。先有天道机构名誉董事许书楚先生，慨允由史丹理基金公司承担起"天道圣经注释"的全部费用，继由鲍会园博士以新作《歌罗西书注释》（后又注有《罗马书》上下卷，《启示录》），郑重地竖起了里程碑（随后鲍博士由1991 年起正式担任全套注释的主编），接着有唐佑之博士（《约伯记》上下卷，《耶利米哀歌》）、冯荫坤博士（《希伯来书》上下卷，《腓立比书》，《帖撒罗尼迦前书》，《帖撒罗尼迦后书》）、邝炳钊博士（《创世记》一二三四五卷，《但以理书》）、曾祥新博士（《民数记》，《士师记》）、詹正义博士（《撒母耳记上》一二卷）、区应毓博士（《历代志上》一二卷，《历代志下》，《以斯拉记》）、洪同勉先生（《利未记》上下卷）、黄朱伦博士（《雅歌》）、张永信博士（《使徒行传》一二三卷，《教牧书信》）、张略博士（与张永信博士合著《彼得前书》,《犹大书》)、刘少平博士(《申命记》上下卷,《何西阿书》,《约珥书》,《阿摩司书》)、梁康民先生(《雅各书》)、黄浩仪博士(《哥林多前书》上卷,《腓利门书》)、梁薇博士(《箴言》)、张国定博士(《诗篇》一二三四卷)、邵晨光博士(《尼希米记》)、陈济民博士(《哥林多后书》)、赖建国博士(《出埃及记》上下卷)、李保罗博士(《列王纪》一二三四卷)、钟志邦博士(《约翰福音》上下卷)、周永健博士(《路得记》)、谢慧儿博士(《俄巴底亚书》,《约拿书》)、梁洁琼博士(《撒母耳记下》)、吴献章博士(《以赛亚书》三四卷)、叶裕波先生(《耶利米书》上卷)、张达民博士(《马太福音》)、戴浩辉博士(《以西结书》)、鲍维均博士(《路加福音》上下卷)、张玉明博士(《约书亚记》)、蔡金玲博士(《以斯帖记》,《撒迦利亚书》,《玛拉基书》)、吕绍昌博士(《以赛亚书》一二卷)、邝成中博士(《以弗所书》)、吴道宗博士(《约翰一二三书》)、叶雅莲博士(《马可福音》)、岑绍麟博士(《加拉太书》)、胡维华博士(《弥迦书》,《那鸿书》)、沈立德博士(《哥林多前书》下卷)、黄天相博士(《哈巴谷书》,《西番雅书》,《哈该书》)等等陆续加入执笔行列,他们的心血结晶也将一卷一卷地先后呈献给全球华人。

　　当初单纯的信念,已逐渐看到成果;这套丛书在 20 世纪结束前,完成写作并出版的已超过半数。同时,除了繁体字版正积极进行外,因着阅读简体字读者的需要,简体字版也逐册渐次印发。全套注释可望在 21 世纪初完成全部写作及出版;届时也就是华人圣经学者预备携手迈向全球,一同承担基督教的更深学术研究之时。

　　由这十多年来"天道圣经注释"的出版受欢迎、被肯定,众多作者和工作人员协调顺畅、配合无间,值得我们由衷地献上感谢。

　　为使这套圣经注释的出版速度和写作水平可以保持,整个出版工作的运转更加精益求精,永续出版的经费能够有所保证,1997 年 12 月天道书楼董事会与史丹理基金公司共同作出了一些相关的决定:

　　虽然全套圣经六十六卷的注释将历经三十多年才能全部完成,我们并不以此为这套圣经注释写作的终点,还要在适当的时候把它不断地修订增补,或是以新著取代,务希符合时代的要求。

　　天道书楼承诺负起这套圣经注释的永续出版与修订更新的责任,由初版营收中拨出专款支应,以保证全套各卷的再版。史丹理基金公司也成立了圣经注释出版小组，由许书楚先生、郭志权博士、姚冠尹先生、章肇鹏先生和施熙礼先生五位组成，经常关心协助实际的出版运作，以确保尚未完成的写作及日后修订更新能顺利进行。该小组于2004年6月假新加坡又召开了会议，许书楚先生因年事已高并体弱关系，退居出版小组荣誉主席，由姚冠尹先生担任主席，施熙礼先生担任副主席，原郭志权博士及章肇鹏先生继续担任委员，连同小弟组成新任委员会，继续负起监察整套注释书的永续出版工作。另外，又增聘刘群英小姐为执行秘书，向委员会提供最新定期信息，辅助委员会履行监察职务。此外，鉴于主编鲍会园博士身体于年初出现状况，调理康复需时，委员会议决增聘邝炳钊博士及鲍维均博士，并得他们同意分别担任旧约和新约两部分的编辑，辅助鲍会园博士处理编辑事宜。及后鲍会园博士因身体需要，退任荣誉主编，出版委员会诚邀邝炳钊博士担任主编，曾祥新博士担任旧约编辑，鲍维均博士出任新约编辑不变，继续完成出版工作。

　　21世纪的中国，正在走向前所未有的开放道路，于各方面发展的迅速，成了全球举世瞩目的国家。国家的治理也逐渐迈向以人为本的理念，人民享有宗教信仰自由，全国信徒人数不断增多。大学学府也纷纷增设了宗教哲学学科和学系，扩展国民对宗教的了解和研究。这套圣经注释在中国出版简体字版，就是为着满足广大人民在这方面的需要。深信当全套圣经注释完成之日，必有助中国国民的阅读，走在世界的前线。

容保罗　识
2011年　春

天道圣经注释有限公司拥有天道圣经注释全球中文简体字版权

授权上海三联书店于中国内地出版本书,仅限中国内地发行和销售

图书在版编目(CIP)数据

雅各书注释/梁康民著.—上海:上海三联书店,2024.4重印

"天道圣经注释"系列

主编/邝炳钊　旧约编辑/曾祥新　新约编辑/鲍维均

ISBN 978-7-5426-5467-0

Ⅰ.①雅…　Ⅱ.①梁…　Ⅲ.①圣经-研究　Ⅳ.①B971.2

中国版本图书馆 CIP 数据核字(2016)第 015814 号

雅各书注释

著　　者 / 梁康民

策　　划 / 徐志跃

责任编辑 / 邱　红

装帧设计 / 鲁继德

监　　制 / 姚　军

责任校对 / 张大伟

出版发行 / 上海三联书店

　　　　　(200041)中国上海市静安区威海路 755 号 30 楼

邮　　箱 / sdxsanlian@sina.com

联系电话 / 编辑部:021-22895517

　　　　　发行部:021-22895559

印　　刷 / 上海惠敦印务科技有限公司

版　　次 / 2016 年 8 月第 1 版

印　　次 / 2024 年 4 月第 7 次印刷

开　　本 / 890mm×1240mm　1/32

字　　数 / 160 千字

印　　张 / 5.625

书　　号 / ISBN 978-7-5426-5467-0/B·462

定　　价 / 45.00 元

敬告读者,如发现本书有质量问题请与印刷厂联系 021-63779028